Elisabeth von Lothringen

Sibille

Viel Spaß bei der Lektüre einer früheren, ebenfalls allerseits bekannten Saarländerin und alles Gute

D1662068

Carmen und Bertan

Für Astrid und Sven

Elisabeth von Lothringen,
Gräfin zu Nassau und Saarbrücken

Sibille

Das Buch von Konig Karl von Franckrich
und siner Husfrouwen Sibillen, die umb eins
Getwerch willen verjaget wart

Eine freie Übertragung von Yvonne Rech

RÖHRIG VERLAG

Die Deutsche Bibliothek - CIP-Einheitsaufnahme

Elisabeth ‹Nassau-Saarbrücken, Gräfin›:
Sibille: das Buch von Konig Karl von Franckrich und siner
Husfrouwen Sibillen, die umb eins Getwerch willen verjaget wart /
Elisabeth von Lothringen, Gräfin zu Nassau und Saarbrücken.
Eine freie Übertr. von Yvonne Rech. - St. Ingbert: Röhrig, 1994
Einheitssacht.: Sibille ‹-, dt.›
ISBN 3-86110-045-2
NE: Rech, Yvonne [Übers.]

Die Herausgeberin dankt der Sparkasse Saarbrücken für
ihre Unterstützung zur Realisierung dieses Buches

© 1994 by Röhrig Universitätsverlag
Postfach 1806, D-66368 St. Ingbert

Umschlag: Jürgen Kreher
Druck: Strauss Offsetdruck GmbH, Mörlenbach
Printed in Germany 1994
ISBN 3-86110-045-2

Einleitung

Streng umschließt das weiße Witwentuch ein schmales, fast klassisches Gesicht, bedeckt wie selbstverständlich Haar, Ohren und Hals der Frau. Große Augen hinter geschlossenen Lidern scheinen nach innen zu blicken, angestrengt, konzentriert, verstehend vielleicht. Und dieses verinnerlichte Schauen spiegelt sich in den Zügen des Gesichtes wieder, fließt gleichsam in sie zurück und teilt sich der Betrachterin mit als ein Bewußtsein von Verantwortlichkeit, Diszipliniertheit, Klugheit - Trauer und Einsamkeit auch.

Es ist das Gesicht einer Frau, die vor mehr als 500 Jahren deutsche Literaturgeschichte geschrieben hat, einer Frau, die als Französin zur Begründerin der deutschsprachigen Unterhaltungsliteratur, genauer, des Unterhaltungsromans besonderer Art wurde. Die Rede ist von

> ELISABETH VON LOTHRINGEN,
> GRÄFIN ZU NASSAU UND SAARBRÜCKEN.

Sie wird die erste weltliche Schriftstellerin auf deutschem Boden, deren Prosaromane lediglich um der »schönen history« willen geschrieben und begeistert gelesen werden.

Ihr literarischer Nachlaß: ein Zyklus von vier Prosaromanen in frühneuhochdeutscher Sprache, entstanden als mehr oder weniger freie Übersetzungen französi-

scher Heldenepen (der *chansons de geste*) um den Sagenkreis Karls des Großen.

Es ist aber auch das Gesicht einer Frau, das vor mehr
als 500 Jahren von Künstlern aus Dijon aus vermutlich
lothringischem Stein geformt, heute einziges histori-
sches Zeugnis ablegt vom Aussehen dieser literarischen
Persönlichkeit im saarländischen Raum und darüber
hinaus. In der Stiftskirche zu St. Arnual steht die
Tumba der gräflichen Schriftstellerin, auf der sie in Le-
bensgröße steinern ruht.

Wer war die Frau, die heute größere Aufmerksamkeit -
und nicht nur in literarischen Kreisen - verdient, als ihr
bisher zuteil wurde?

Es müßte zwingend sein, sich für die Möglichkeiten einer Schriftstellerin in der Mitte des 15. Jahrhunderts zu
interessieren. Es müßte neugierig machen auf die Le-
bensumstände einer Frau, in deren Händen auch die
politischen Geschicke dieser Region für eine Weile
ruhten.

Und es dürfte Freude bereiten, den weiblichen Blick
zu entdecken, der ihren Texten die sehr persönliche
Note verleiht.

Yvonne Rech

Und ich stelle mir vor:

Elisabeth hat Schloß Bucherbach, ihren Witwensitz, zu einem kleinen Musenhof gemacht. Hier versammelt sich ihre Hofgesellschaft, aber auch Gäste von der Saarbrücker Burg und den Burgmannenhäusern, um der Gräfin zu lauschen, wenn sie zum Beispiel aus ihren Übersetzungen vorliest.

Die Kerzen flackern dann in den prächtigen Leuchtern, die Diener haben noch einmal Holzscheite in die hohen Kachelöfen an den Kopfenden des mit einem großen Teppich ausgelegten Raumes aufgeschichtet. Durch die hohen Fenster blickt man über den Park hinweg auf die bewaldeten Hügel.

So auch heute. Eben sind die letzten Klänge eines Rondeaus des französischen Komponisten Pucelle verklungen. Die drei Musiker haben den Saal verlassen. Die Damen und Herren der Hofgesellschaft sitzen oder stehen plaudernd beisammen. Man hat sich viel zu erzählen, denn Gäste aus Saarbrücken sind eingetroffen. Während der langen Wintermonate hatte man sich nicht gesehen, und die Neugierde auf das, was sich in und um die Burg ereignet hat, ist groß. Unter den Gästen glänzen die Damen in ihren zobelbesetzten Mänteln, ein besonderes Statussymbol! In diesem Jahr 1444 trägt man besonders schönen Perlenschmuck im kunstvoll geflochtenen langen Haar, und die Gattin des Konrad von Repper aus einem der Burgmannenhäuser trägt herrliche blaue Seide aus der Seidenwerkstatt in Saarbrücken. Verstohlene Blicke, gepaart mit einem gewissen Erstaunen, streifen die Witwe Margarete des Hannemann von Saarbrücken. Sie hat man nicht erwartet, denn man weiß von den Streitigkeiten ihres Mannes mit dem verstorbenen Grafen. Doch Elisabeth hat nachträglich geschlichtet, und nun wohnt Margarete mit ihren unmündigen Kindern in dem Burghaus bei Greiffenclaus Haus. Ja, man munkelt, daß ihr bald erwachsener Sohn Aussichten habe, Schultheiß von Saarbrücken zu werden...

Im Saal wartet man auf die Gräfin. Auf der Burg in Saarbrücken ist sie seltener Gast geworden. Sie liebt die Abgeschiedenheit und auch die Ruhe ihres Bucherbacher Besitzes. Hier hat sie gelernt, der politischen Betriebsamkeit zu entsagen und sich mehr ihrer eigenen Person zuzuwenden. Sie liest sehr viel, sie durchdenkt wieder und wieder das, was Christine de Pizan oder Guillaume de Machaut, der als Theologe und Lyriker in Diensten ihres Verwandten Jean de Luxembourg stand, in ihren Texten aussagen.

Die musischen Abende sind ihr lieb geworden. Besonders in den beginnenden Herbstmonaten finden sie statt, aber auch um die Pfingsttage herum. Dann erzählt sie ihren Zuhörern von Jeanne d'Arc und wie die dazu beigetragen hat, den Krieg zwischen England und Frankreich zu beenden und Charles X. in die Kathedrale zu Reims zu führen, damit er gekrönt würde. Sie erzählt von Joinville, einem Vorfahren ihrer Mutter, der Ludwig den Frommen mit seinem Buch »des saintes paroles et des bons faits de notra saint roi Louis« als seinen König geehrt hat.

Heute abend ist auch ihr Sohn Johann zu Gast. Darüber freut sie sich besonders. Sie wird gleich ihren zweiten Roman von der Königin Sibille vorlesen, und sie weiß, daß sie in ihrem Sohn nicht nur einen Bewunderer, sondern auch ihren ehrlichsten Kritiker hat. Keiner der Texte hat sie bisher in ihrer Weiblichkeit so betroffen gemacht wie dieser. Sie ist deshalb sehr sorgfältig mit

seiner Übersetzung umgegangen, hat vieles gestrichen und ge-
kürzt, um die für sie wichtige Aussage der »history« deutlich
werden zu lassen. In diesem Buch hat sie auch zum ersten Male
ihren Besitz Schloß Hattwiller als Sitz der Verrätersippe einge-
fügt. Wie wird ihre Zuhörerschaft darauf reagieren?
Sie hört die Stimmen unten im Saal. Sie weiß, daß einige darun-
ter sind, die sich in die Fensternischen gestellt haben und einan-
der zuflüstern, daß nun schon wieder ein »welsches« Heldenge-
dicht ins Deutsche übertragen worden ist. Gott sei Dank aber
in Prosa, also ohne diesen langweiligen Rhythmus und Reimton!
Und diesmal soll es sogar eine Frau zum Mittelpunkt der Ge-
schichte haben. Aber vielleicht wird es ja auch recht erotisch und
amoureus dabei zugehen! Elisabeth muß bei diesem Gedanken
leicht schmunzeln. Sie weiß um den Geschmack so mancher ihrer
Zuhörer und auch Zuhörerinnen. Aber mit blutigen Kämpfen
und glorreichen Siegen hoch zu Roß kann sie heute abend nicht
dienen.
Ihre Kammerzofe rückt ihr die Witwenhaube zurecht und
streicht noch einmal über ihren blauen Mantelwurf, der den
Blick auf ein braunes Kleid freigibt, das von einem ebenso
braunen, mit kleinen Perlen verzierten Gürtel gehalten wird.
Dann steigt Elisabeth in den Saal hinunter. Fast unbemerkt
ist sie eingetreten, nur ihr Sohn hat sie bemerkt und nimmt nun
auf dem Stuhl neben seiner Mutter Platz. Sie liebt es, sich un-
angekündigt unter ihre Gesellschaft zu mischen. Auch die ande-
ren setzen sich nun oder bleiben, in die Fensternischen gelehnt,
der Gräfin zugewandt stehen. Sie blickt freundlich jeden einzel-
nen an und neigt den Kopf zum Gruß. Ihre Augen blicken
heute jedoch besonders ernst. Vor ihr auf dem Tisch liegen die

Pergamentrollen. Sie wird selbst lesen diesmal. Der Diener stellt den Leuchter neben sie auf den Tisch. Der warme Kerzenschein bescheint das schmale ernste Gesicht mit den feinen Zügen. Elisabeth ist nicht sehr groß. Fast zierlich wirkt sie in dem großen Stuhl. Und doch geht von ihr eine Stärke und Größe aus, die sie bedingungslos zum zentralen Mittelpunkt werden lassen.

Sie entfaltet langsam die erste Rolle, während sie mit klarer Stimme, in die Runde blickend, beginnt: »Ihr Herren schweigt jetzt, hört mir zu - und Gott mit Euch...«

Da wird es still, und die Geschichte von der Königin Sibille, die wegen eines Zwerges aus dem Königreich verjagt worden ist, läßt ihre Wirkung verströmen...

Ihr Herren, schweigt stille! Und Gott mit Euch! Denn ich werde Euch nun von einem Gedicht erzählen, das man in einem Buch aus dem Kloster St. Denis in Frankreich nachlesen kann. Die Geschichte ereignete sich im Mai, als die Nachtigallen sangen, und alles grünte und blühte. Da hatte König Karl in seinem Palast zu Paris Salmon von Britannien und viele andere des Hochadels offiziell um sich versammelt. Zu diesem Hoffest am heiligen Pfingsttag hatte er alle seine Lehnsleute zu sich befohlen.

Als nun die Adligen alle versammelt waren, sprach König Karl zu ihnen:

Fürsten, 22 Jahre sind schon seit dem Tode meines Vaters vergangen, und Ihr habt Euer Lehen immer noch nicht aus meiner Hand empfangen. Darum ist es mein Wille, daß Ihr nun damit betraut werdet. Darüber hinaus denke ich, es sei auch an der Zeit, eine Gemahlin zu nehmen, um mit ihr Nachkommen zu haben, die nach meinem Tod die Krone tragen sollen.

Herr, sprachen die Ritter, wir wollen unser Lehen entgegennehmen, und wir finden es auch an der Zeit, daß Ihr Euch verheiratet.

Damit erhielten die Edlen ihr Lehen von König Karl. Dann beauftragte er einen seiner besten Vasallen, Gerhart von Ronßlon, mit seinen Freunden für ihn beim Kaiser von Constantinopel um die Hand von dessen Tochter anzuhalten. Die Fürsten machten sich auf den Weg.

Von ihrer Reise erzähle ich Euch nur so viel, daß sie lange unterwegs waren, bis sie nach Constantinopel kamen. Sie nahmen sich eine Unterkunft, zogen ihre besten Kleider an und begaben sich zum Kaiser.

Als sie vor den Kaiser traten, knieten sie nieder.

Herr, sprach Gerhart von Ronßlon, Gott, der Schöpfer aller Dinge, möge den Kaiser und alle seine Ritter vor Übel beschützen! König Karl läßt Euch durch mich fragen, ob ihr ihm Eure Tochter zur heiligen Ehe geben wollt. Er wird sie dann zur Königin von Frankreich und aller seiner Besitztümer machen.

Der Kaiser freute sich über die Botschaft und sprach:

Ich willige besonders gerne ein, weil ich mich freue, daß der König in verwandtschaftliche Beziehungen zu mir treten will. Deshalb wird meine Tochter mit einer reichen Mitgift ausgestattet werden.

Lieber Herr, sprach Gerhart, zeigt uns nun Eure Tochter!

Sehr gerne, sprach der Kaiser, ich bin überzeugt, daß Ihr in keinem der vierzehn Länder einen schöneren Menschen finden werdet.

Während sie so miteinander redeten, stieg die Tochter eine Treppe zu ihnen herab. Sie war wunderschön gekleidet. Mit ihr waren viele Edelfräulein, alle von hohem gräflichen und herzöglichen Adel. Und auch sie trugen ebenso schöne Gewänder. Die Kaiserstochter war in einen goldenen Mantel gehüllt, der über und über mit Perlen bestickt war und ein kostbares Futter hatte. Auf ihrem Kopf glänzte eine goldene, mit vielen

Edelsteinen verzierte Krone. Die Tochter des Kaisers von Constantinopel war so weiß wie der Schnee. Sie hatte eine schöne, ebenmäßige Gestalt, und die Schönheit ihres Gesichtes war nicht in Worte zu fassen. In keinem anderen Land würde man eine schönere junge Frau finden.

Ihr Herren, sprach der Kaiser, hier ist meine Tochter! Habt Ihr je einen herrlicheren Menschen gesehen?

Majestät, sprach Gerhart, noch nie erblickten wir in unserem Land ein solch schönes Wesen!

Lieber Herr, sprach Gerhart weiter, habt nun die Güte, uns Eure Tochter mitzugeben! Dann werden wir sie zu König Karl nach Frankreich bringen und sie zur Königin krönen.

Das will ich gerne tun, sprach der Kaiser.
Gerhart von Ronßlon und seine Freunde blieben drei Wochen. Inzwischen bereitete der Kaiser die Reise seiner Tochter vor. Danach ritten sie miteinander aus der Stadt. Des Kaisers Tochter saß nun auf einem weißen Maultier und war ungemein kostbar ausgestattet. In ihrem Gefolge befanden sich viele junge Edelfrauen. Der Kaiser ritt an der Seite seiner Tochter und begleitete sie gute vier Meilen. Dann nahm er Abschied von ihr und sprach:

Gott, der um unseretwillen am Kreuz gelitten hat, der möge dich vor allem Übel bewahren!
Und er umarmte und küßte sie. Mit Tränen in den Augen verabschiedete sich der Kaiser von seiner Tochter. Sie weinte auch bitterlich. Doch bevor er sie wiederse-

hen sollte, hatte sie viel Leid ertragen müssen. Zudem hatten viele Menschen deswegen jämmerlich ihr Leben gelassen - wie ihr später hören werdet.

Gerhart ritt mit seinen Begleiterinnen und Begleitern über Berge und durch Täler, bis sie gemeinsam nach Frankreich kamen. Daraufhin schickte Gerhart einen Boten voraus, damit er dem König die Nachricht von der Ankunft der Kaisertochter überbringe. Als König Karl die Botschaft hörte, freute er sich sehr. Sogleich sattelte er auf, um ihr entgegenzureiten und sie so zu empfangen, wie es einem Manne seines Standes gebührt. Der König ritt seiner Gemahlin mit großem Gefolge entgegen und hieß sie als seine künftige Frau willkommen. Die Kaiserstochter verneigte sich zustimmend vor ihm. Man kann sich daraufhin die überschäumende Freude bei allen vorstellen. Die jungen Männer griffen nach ihren Lanzen und trugen vor den Edelfrauen ein Turnier aus. Sie kämpften, bis dabei so manche schwere Lanze und so mancher harte Speer entzweibrachen. Frohgestimmt ritten sie in Paris ein. Die Straßen der Stadt waren überaus festlich geschmückt. Vier Herzöge und sieben Grafen geleiteten die Königin zum Palast. Anderntags führte der König die Königin in die Notre Dame-Kirche, wo sie den Ehevertrag besiegelten. Drei volle Wochen wurde am Hof überschwenglich gefeiert. Als die drei Wochen um waren, ritt jeder wieder nach Hause zurück.

Einmal stand der König bei seiner Dienerschaft im Schloß und plauderte mit ihnen. Als der König also so bei seinen Dienern stand, trat ein häßlicher Zwerg in den Saal. Dessen Haut war so schwarz, als ob er zehn Jahre im Rauch gehangen hätte. Sein Gesicht war aufgeplustert wie ein dickes Kissen, die Nase darin glich der eines Affen. Seine Haare waren struppig wie Schweinsborsten, seine Arme und sein Körper waren dicht behaart. Seine Augen standen wie Rattenaugen tief in ihren Höhlen. Seine Zähne schauten wie Eberzähne hervor und waren ganz gelb. Vorne und hinten trug er einen Höcker, und seine Beine standen so gerade wie eine Sichel! Er hatte auch sehr häßliche, breite Füße. Man kann sich keinen häßlicheren Menschen vorstellen! Alle, die ihn sahen, meinten, er sei der Teufel. Als der Zwerg in den Saal trat, sprach er:

Gott, der von einer reinen Magd geboren wurde, möge den König und die Königin und alle Ritter dieses Hofes behüten!

Seid mir willkommen Freund, sprach der König. Ich freue mich, daß du zu mir gekommen bist. Sogleich sage mir, wie du heißt!

Zu Diensten, Majestät, sprach der Zwerg, ich heiße Syweron.

Syweron, sprach der König, wenn du bleiben willst, sollst du es gut bei mir haben.

Herr, sprach der Zwerg, ich danke sehr, und ich will gerne bei Euch bleiben.

Da befahl der König, daß man den Zwerg vor seinem Tisch Platz nehmen lasse und ihm zu essen und zu trinken bringe. Er wurde von dem Hofgesinde voller Grauen betrachtet. Sie sprachen untereinander:

Das ist kein menschliches Wesen, das ist der Teufel selbst. Verflucht sei die Mutter, die ihn gebar!

Sie sollten recht behalten. Er verursachte bald großes Unglück, denn wegen dieses Zwerges wurde die Königin später aus Frankreich und dem gesamten Königreich verjagt.

Der König hatte stets seine große Freude an seiner Gemahlin, der Königin. Eines Tages ritt er zur Jagd, um einen Hirsch zu erlegen. Als die Königin hörte, daß der König zur Jagd gegangen war, ging sie in ihr Schlafgemach, legte sich ins Bett und wollte schlafen. Nachdem die Dienerinnen bemerkt hatten, daß die Königin eingeschlafen war, schlichen sie aus dem Zimmer und gingen zu einem Brunnen, um dort miteinander zu plaudern. Sie ließen die Tür weit geöffnet und unbewacht. Da trat der Zwerg ins Zimmer und sah, daß die Königin in ihrem Bett lag und schlief. Der Zwerg sah sich im Raum um und bemerkte niemanden außer der Königin. Da trat er zu ihr, sah sie lange an und sprach zu sich selbst:

Ach Gott im Himmel, wie selig muß ein Mann sein, der mit der Königin schlafen darf, denn sie ist die Schönste auf der ganzen Erde. Gottes Zorn wäre mir gewiß, wenn ich das tun wollte. Ach könnte ich nur einmal nackt in ihren Armen liegen! Ich würde mich gleich um zehn Jahre jünger fühlen. Ach Gott, der du mich geschaffen hast, steh mir bei! Selbst wenn ich deshalb sterben sollte, ich muß sie dreimal küssen, denn ich habe sie so sehr lieb!

Damit trat der Zwerg zu der Königin. Als er vor ihr stand, erwachte sie plötzlich. Sie schaute sich um und bemerkte, daß niemand außer dem Zwerg bei ihr im Zimmer war.

Zwerg, sprach die Königin, wie konntest du dich unterstehen und so kühn sein, mein Zimmer zu betreten!

Hohe Frau, sprach der Zwerg, zeigt Euch gnädig, denn ich sterbe, wenn Ihr mir nicht Liebe erweist! Geliebte Herrin, sprach er, laßt mich mit Euch schlafen und nehmt mich nackt in Eure Arme - oder ich sterbe! Als das die Königin hörte, bebte sie vor Zorn. Sie ballte die Faust und schlug dem Zwerg auf den Mund, daß ihm drei Zähne ausfielen. Dann sprang sie aus dem Bett und wollte ihn noch mehr schlagen, aber er entwich ihr. Und von da an schwor der Zwerg - weil die Königin ihn geschlagen hatte - es ihr ähnlich schlimm heimzuzahlen.

Der König kam mit seinen Rittern froh von der Jagd zurück. Als sie durch den Park ritten, bliesen sie die Jagdhörner. Und das bedeutete, daß sie Jagdglück gehabt hatten, denn der König hatte einen guten Hirsch erlegt. Der König begab sich in den Speisesaal. Die Tische waren gedeckt, und sie setzten sich zum Essen nieder. Weil der König den Zwerg nicht sah, fragte er nach ihm. Seine Diener beeilten sich sogleich, ihn in den Saal zu bringen. Als der Zwerg eintrat, hielt er den Kopf gesenkt und bedeckte den Mund mit der Hand.

Wer hat dir etwas zuleide getan?, fragte der König. Derjenige, der dich geschlagen hat, hat aber gut getroffen. Zwerg, sprach der König, sage mir, wer es getan hat, damit ich ihn zur Rechenschaft ziehe.

Mein König, sprach der Zwerg, ich wollte die Treppe hinuntergehen, als mir schwindelig wurde. Da bin ich gefallen.

Das tut mir aber leid, Zwerg, sprach der König.
Die Tafel wurde aufgehoben, und als es Nacht wurde, ging der König schlafen. Nun hört von dem schlimmen Verrat, den sich der Zwerg - Gott möge ihn dafür verfluchen - ausgedacht hatte. Als ihn kein Mensch bemerkt hatte, war er in das Schlafgemach des Königs geschlichen und hatte sich hinter dem Vorhang verborgen. Die Kammerdiener schlossen die Tür und ließen den König und die Königin allein. Um Mitternacht hörte der König, wie in Notre Dame zur Messe geläutet wurde. Deshalb stand er leise auf und verhielt sich dabei so rücksichtsvoll, damit er seine Gemahlin nicht aufweckte. Die Königin schlief tief und fest. Als der Zwerg hörte, daß der König das Zimmer verlassen hatte, entkleidete er sich, schlich zu der Königin und legte sich artig neben sie. Aber er hatte nicht den Mut, sie zu berühren. Der Zwerg nahm sich jedoch vor, die hohe Frau um ihre Ehre zu bringen, selbst, wenn er

deshalb sterben müßte. Während er lange darüber nachdachte, schlief er schließlich neben der Königin ein. Es war noch tief in der Nacht, als die Messe beendet war. Der König begab sich, von der Kirche kommend, in sein Schlafgemach zu der Königin, um wie immer mit ihr glücklich zu sein. Behutsam schlug der König die Decke zurück - und sah den Zwerg neben der Königin liegen. Da erschrak er sehr, deckte sie wieder zu und fing heftig zu weinen an. Dabei sprach er:

O du ewiger Gott, das ist so unglaublich, daß es mir fast das Herz bricht. Verflucht sei der, der nun noch Vertrauen zu Frauen haben kann, wenn sogar diese Frau mich betrogen hat!

Der König verließ das Zimmer, rief alle seine Ritter zu sich und sprach zu ihnen:

Ihr Fürsten, kommt mit und seht Euch das Unglaubliche an! Meine Gemahlin hat mir große Schande bereitet.

Mit diesen Worten zog König Karl sein Schwert und betrat, begleitet von seinen Rittern, sein Schlafgemach. Dann schlug er die Decke zurück und sprach:

Ihr Fürsten, schaut her! Wer hätte das meiner Gemahlin zugetraut, sich mit einem solchen Teufel einzulassen!

Als die Ritter das sahen, bekreuzigten sie sich und sprachen zueinander:

Das ist wirklich eine schlimme Überraschung!

Von dem lauten Gerede erwachte die Königin und sah, daß alle Fürsten um sie herum im Zimmer standen. Darüber war sie sehr erschrocken. Sie richtete sich auf und wollte aufstehen. Da herrschte sie der König an:

Frau, legt Euch nur wieder zu Eurem Liebhaber! Ich bin fassungslos! Heute nacht glaubte ich noch daran, das trefflichste Weib auf Erden zu haben. Aber Ihr habt meinen Glauben zerstört und meine Krone verhöhnt.

Die Königin wußte immer noch nicht, daß der Zwerg neben ihr lag. Sie sprach:

Mein Gemahl, Gott der Schöpfer, ist mein Zeuge, daß ich mich noch niemals Euch entzogen habe, und ich werde es auch niemals tun. Eher möchte ich sterben!

Ihr habt es aber getan, sprach der König, das könnt Ihr nicht leugnen. Denn der Zwerg hat diese Nacht mit Euch geschlafen.

Da erst sah die Königin den Zwerg neben sich liegen. Gleich hob sie die Faust und schlug dem Zwerg ins Gesicht, daß er aufwachte. Als er wach wurde und den König vor sich stehen sah, stand er schnell auf, fiel vor dem König auf die Knie und sprach:

Lieber Herr, habt Erbarmen und hört mich um Gottes Willen an! Gott, der Allmächtige, weiß allein, daß mich die Königin heute nacht zu sich kommen ließ, während Ihr zur Messe wart. Dann mußte ich mit ihr schlafen. Lieber, gnädiger Herr, es war mir sehr schwer dabei ums Herz, aber ich hatte nicht den Mut, mich ihr zu versagen.

Du stinkender Zwerg, sprach der König, du ungestaltete, häßliche Kreatur! Wie konntest du es wagen, zu einem solch schönen Wesen zu kommen! Ich schwöre dir, dafür sollst du bezahlen!

Majestät, sprach der Zwerg, Ihr solltet ein gerechter Richter sein. Es steht geschrieben, daß mit Gewalt kein Recht zu sprechen ist. Herr, ich wäre um alles in der Welt nicht zu ihr gekommen, aber die liebestolle Frau trug mich selbst in ihr Bett.

Herr, sprach die Königin, die Mutter Gottes, die unseren Erlöser trug, ist mit mir. Findet Ihr das glaubhaft, wo ihr doch wißt, daß ich ein Kind erwarte! Doch wenn dem so sein sollte, wie der Zwerg sagt, so übergebt mich den Flammen.

Meine Gemahlin, sprach der König, Ihr habt mich sehr verletzt. Nie gab es einen betroffeneren Mann, als ich es jetzt bin. Ihr könnt den Tatbestand nicht leugnen, denn alle meine Ritter haben es gesehen. Ich werde Euch schleifen lassen und dann auf den Scheiterhaufen bringen.

Als die Königin das hörte, wurde sie ohnmächtig. Nachdem sie wieder zu sich gekommen war, umschlang sie die Beine des Königs, küßte seinen Fuß und sprach:

Mein Gemahl, um Jesu Willen, der den Tod um unseretwillen erlitten hat, habt Erbarmen mit mir armen, unglücklichen Menschen, denn ich habe nicht das

Böse getan, dessen Ihr mich beschuldigt. Im Angesicht des Todes, den ich erleiden muß und soll, ich habe nicht gewußt, daß der heimtückische Kerl neben mir gelegen hat. Er hat sich ohne mein Wissen und ohne meinen Willen in dieses Bett gelegt. Edler König, begreift doch! Lieber würde ich sterben, als mich mit einem solchen Teufel einzulassen.

Gemahlin, sprach der König, auch wenn Ihr noch so viel redet, Ihr könnt die Tatsache nicht leugnen.
Dann befahl der König, daß vier Knechte die Königin aus dem Zimmer führen sollten. Dem Zwerg band man sogleich einen Strick um den Hals.

Edle Fürsten, sprach der König, helft mir, das Urteil über diese Frau zu fällen, die mir so ungeheure Schande bereitet hat!
Da rückte die falsche Sippe zusammen. Es waren dieselben, die auch Herzog Herpin vertrieben hatten. Die sprachen zu dem König:

Majestät, Ihr solltet diese Frau auf dem Scheiterhaufen verbrennen!
Da befahl der König sogleich, ein Feuer zu entzünden und ließ die Königin dorthin führen. Da begannen die Ritter zu weinen und auch die Bürger und Bürgerinnen und alle, die dabeistanden. Man führte die Königin zum Scheiterhaufen, und der Zwerg ging an ihrer Seite. Die Königin trug keine Haube. Ihre Haare waren lose aus dem Gesicht gekämmt und schimmerten wie Goldfäden. Sie ging barfuß. Ihre Haut war makellos und noch weißer als Milch. In keinem anderen Land

gab es ihresgleichen. Der Zwerg stand neben ihr wie der Teufel neben einem Engel. Die Königin sprach zu dem König:

Edler König, habt Erbarmen mit mir, denn ich bin doch schwanger. Haltet mich gefangen, bis mich unser Herrgott von dem Kind entbindet. Ich will den unschuldigen Tod gerne für meine Sünden erleiden, aber diese Untat habe ich nicht begangen, so wahr, wie Gott qualvoll um unseretwillen gestorben ist.

Dann blickte die Königin nach Osten und sprach:

Ach Constantinopel, du herrliche Stadt! Wie bin ich in dir so behütet aufgewachsen! Ach mein Vater und meine Mutter, wie habt ihr mich so liebevoll erzogen! Ach Richard, du lieber Bruder, wenn du wüßtest, in welch großer Not ich bin, es würde dich erbarmen! Ach Mutter Gottes, soll ich Arme also unschuldig und elend sterben! Ach Erdreich öffne dich und verschlinge mich! Ach Herz, du leidest Unrecht, warum brichst du nicht! Daß ich doch diesem schlimmen Leiden und der Schande, die mir so fälschlich als Schuld angelastet wird, entgehen könnte!

Nun breitete man einen Teppich nahe des Feuers aus. Dorthin geleitete man die Königin und entkleidete sie bis auf ihr Hemd. Sibille, die Königin, sah auf der einen Seite die laut klagende Menge des Volkes und auf der anderen Seite das Feuer. Sie sprach:

Ihr lieben Menschen, wenn ich Euch je Unrecht getan habe, dann tut es mir in der Seele leid. Verzeiht es mir im Namen Gottes, weil ich heute unschuldig getötet werde.

Da jammerte und klagte das Volk ganz laut. Doch die Fürsten fürchteten König Karl so sehr, daß niemand Fürbitte für die Königin einzulegen wagte. Als König Karl das Volk so sehr aufgewühlt sah, befahl er, die Königin sofort dem Feuer zu übergeben, und sprach:

Wenn ich sie so ansehe, möchte es mir fast das Herz brechen! Sodann ergriffen sie die Königin, warfen sie zu Boden und banden ihre Hände und Füße.

Ewiger Gott, sprach die Königin, sei mir armem Menschen gnädig! Ach himmlische Königin, sieh mich heute durch den, den du unter deinem Herzen getragen hast und der uns von dem ewigen Tod erlöst hat, mit deinen barmherzigen Augen an und lasse meine Seele nicht verdammt sein. Mir geschieht heute wirklich Gewalt und Unrecht, so wie es deinem lieben Sohn geschehen ist. Nimm diesen unschuldigen Tod für alle meine Sünden.

Jetzt weinte und klagte die Königin bitterlich. Da traten Herzog Nymo von Beyern, Otger von Dänemark, Emrich von Nerbone und Bernhart von Brabant und einige der zwölf Pairs von Frankreich zusammen und berieten sich. Sie wollten für die Königin Fürbitte leisten. Sie fielen zu Füßen des Königs auf die Knie und sprachen:

Edler Kaiser von Frankreich! Verbannt Eure Gemahlin, und zwar unter Androhung der Todesstrafe, falls sie Euer Land noch einmal betreten sollte. Sie ist doch hochschwanger! Ihr würdet das Kind ebenso töten, und das würde Eurem Ansehen im gesamten Land schaden.

Ehrlich gesagt, sprach der König, ich weiß nicht, was ich tun soll. Ich bin in meinem Herzen so traurig, daß ich nicht weiß, wie ich damit fertig werden soll. Laßt den Zwerg wieder zu mir kommen, damit ich mehr aus ihm herausbekomme darüber, was sie getan hat.

Sie sprachen:

Herr, das wollen wir gerne tun.

Nun schickten sie nach dem Zwerg. Die Verräter, die geraten hatten, die Königin auf den Scheiterhaufen zu bringen, gingen zu dem Zwerg und sprachen zu ihm:

Sage überzeugend gegen die Königin aus, damit sie den Flammentod sterbe. Wir werden dir dann mit Gold und Silber zur Flucht verhelfen, damit es dir nicht auch so ergeht.

Sie schleppten den Zwerg vor den König. Der König sprach:

Rede und leugne nicht! Wie konntest du zu meiner Gemahlin gelangen?

Herr, sprach der Zwerg, ich will mit keinem Wort widerrufen, und sollte ich deswegen sterben. Da Ihr mein Richter seid, will ich Euch die Wahrheit sagen: Gestern nacht bat sie mich, wenn ihr morgens in die Kirche zur Messe ginget, zu ihr zu kommen. Herr, das war eine schwere Entscheidung für mich. Sie hob mich selber in das Bett. Herr, ich bin ein behinderter und schwacher Mensch, ich konnte mich ihrer nicht erwehren.

Nun hast du dich verraten, sprach der König. Du gemeiner Mensch! Du Unhold! Du sollst deinen Lohn haben! Ergreift ihn, sprach der König, und werft ihn ins Feuer!

Da wurde der Zwerg sogleich gefaßt und in die Flammen geworfen. Und es ist ganz gewiß, daß der Teufel seine Seele mit in die Hölle genommen hat.

Fürsten, sprach der König, man soll meiner Gemahlin die Fesseln an Händen und Füßen lösen. Sodann soll sie in ihre prächtigsten Gewänder gekleidet werden, denn ich werde ihr um alles in der Welt kein Leid antun.

Als die Fürsten das hörten, dankten sie dem König von ganzem Herzen.

Meine Gemahlin, sprach der König, Ihr habt meine Ehre sehr verletzt, wie das so noch keinem Mann meines Standes widerfahren ist. Aber selbst, wenn Ihr meinen Vater vergiftet hättet, so könnte ich Euch in diesem Zustand kein Leid zufügen. Ihr sollt allerdings wissen, daß ich Euch morgen hier nicht mehr sehen möchte. Sollte ich Euch danach hier doch vorfinden, dann kann Euch auch das werdende Leben nicht mehr retten.

Mein Gemahl, sprach die Königin, wo soll ich arme, unglückliche Frau denn nun hin? Und obwohl mir doch Unrecht geschieht, werde ich wie eine Verbrecherin weggeschickt. Ich bin der unglücklichste Mensch, der je geboren worden ist.

Madame, sprach der König, Ihr müßt mein Königreich verlassen. Gott wird mit Euch sein, wenn es sein Wille ist, und er wird Euch in dem Maße gnädig sein, wie Ihr es verdient habt.

Da blickte die Königin in die Runde und erblickte einen angesehenen, tapferen Ritter, der hieß Abrye von Mondidire. Sie bat nun den König, daß Abrye sie begleiten dürfe.

Abrye, sprach der König, Ihr werdet mit der Königin durch meine Waldungen reiten, die nach Rom führen, damit sie vor dem Papst ihre großen Sünden, die sie begangen hat, beichten kann. Wenn Ihr sie über das Waldgebirge geführt habt, dann müßt Ihr wieder zurückkommen. Laßt sie dann reiten, wohin sie will.

Herr, sprach Abrye, der Ritter, ich werde tun, wie Ihr mir befohlen habt!

Sodann setzte man die prächtig gekleidete Königin auf ein weißes Maultier. Abrye saß hoch zu Roß. Dieser nämliche Abrye hatte einen Windhund großgezogen. Den hatte er sehr lieb. Ihn nahm er mit. Der Hund liebte seinen Herrn mehr als eine Mutter ihr Kind. Laut klagend und weinend segnete der König seine Gemahlin. Die Königin brach vor dem König zusammen. Die Fürsten hoben sie wieder auf und jammerten alle zusammen mit ihr. In tiefer Traurigkeit verabschiedete sich die Königin und segnete alle. Von Abrye begleitet, ritt sie weg. Die Königin betete zu Gott und der Gottesmutter, sie zu behüten. Gemeinsam ritten sie bis zu einer großen Waldung. Während sie so durch den Wald kamen, entdeckten sie eine lustig plätschernde Quelle. Die Königin war müde. Abrye hob sie bei der Quelle vom Pferd.

Liebe Herrin, sprach Abrye, seid nun getrost, denn der Heiland und seine liebe Mutter werden Euch sicher helfen, denn, wer starkes Gottvertrauen hat, den verläßt er nicht.

Abrye, sprach die Königin, wenn Ihr nun zurückreitet, wohin soll ich arme Frau mich denn wenden?

Liebe Herrin, sprach Abrye, Gott wird Euch sicher helfen.

Abrye redete der Königin mit guten Worten zu, ein wenig zu essen.

Hier verlasse ich die Königin und erzähle Euch von König Karl, der doch sehr traurig zurückgeblieben war. König Karl setzte sich mit seinen Rittern zu Tisch. Unter seinem Gefolge war ein böser, hinterlistiger Verräter. Markair hieß er. Er war ein Nachkomme derer, die an Herzog Herpin Verrat geübt hatten. Dieser Markair liebte die Königin schon lange, hatte es aber nie zu sagen gewagt. Als Markair sah, daß der König mit seinen Rittern bei Tisch saß, ging er in seine Kammer und legte seine Rüstung an. Er hatte vor, der Königin nachzureiten, um sie zu besitzen. Er dachte auch daran, Abrye zu erschlagen, wenn der sich seinem Plan entgegenstellen sollte. Der Verräter machte sich bereit und ritt, ohne daß er bemerkt wurde, aus der Stadt Paris. Als er vor die Tore der Stadt kam, eilte er der Königin so schnell hinterher, daß er sie noch an der Quelle sitzend vorfand. Markair dachte sich eine ungeheure Lüge aus und sprach:

Abrye, setze die Königin gleich aufs Pferd, denn der König hat viele gemeine Übeltäter hinterhergeschickt, die ihr noch übler mitspielen sollen. Deshalb bin ich schnell vorausgeritten, damit ich ihr und dir helfen kann.

Abrye glaubte, es sei die Wahrheit und hob die Königin aufs Pferd. Abrye wollte auch aufsitzen, als ihm Markair zurief:

Abrye, laß mir die Königin! Ich will sie besitzen!

Als Abrye das hörte, war er sehr betroffen, und die Königin weinte bitterlich. Inbrünstig flehte Abrye Gott um Hilfe an für sich und die Königin. Er blickte zu Markair, der gewappnet vor ihm stand.

Markair, sprach Abrye, was hast du vor? Sage mir das!

Er antwortete ihm und sprach:

Du sollst mir die Königin geben, oder du mußt sterben!

Das wird nicht geschehen, sprach Abrye, und Gottes Wille ist es auch nicht.

Abrye, sprach die Königin, erbarmt Euch und helft mir, meine Ehre zu bewahren vor diesem Verräter. Lieber sterbe ich, als mich mit ihm einzulassen.

Als dieser hinterlistige Mensch die Königin so reden hörte, wurde er sehr zornig, zog sogleich sein Schwert und lief auf Abrye, den Ritter, zu. Abrye zog sogleich sein Schwert, trug aber keine Rüstung. Markair traf ihn an der Schulter, so daß das Blut zur Erde floß. Als die Königin das sah, sprach sie:

Heilige Mutter Gottes, erbarme dich meiner und schütze meinen Leib und meine Ehre.

Dann wendete sie ihr Maultier, auf dem sie saß, und floh durch den Wald, durch Hecken und durch Dornen, daß ihr Gesicht überall blutende Kratzer bekam. Ehe noch Markair Abrye bezwungen hatte, war die Königin schon mehr als eine Meile vor ihnen geflohen. Markair traf Abrye so schwer in der Hüfte, daß sie fast ganz durchgehauen wurde. Da schrie Abrye ganz laut auf. Das hörte sein Hund, kam angelaufen und sprang Markair an. Er erwischte sein Bein und biß eine tiefe Fleischwunde hinein. Dabei zog er ihn vom Pferd. Markair schlug mit dem Schwert nach dem Hund, aber er traf ihn nicht, denn der Hund wich ihm immer geschickt aus. Da schlug Markair auf Abrye ein und spaltete seinen Kopf bis zu den Zähnen. Abrye fiel tot auf die Erde nieder. Gott möge sich seiner Seele erbarmen, denn er starb unschuldig. Markair ging zu Abryes Pferd und hieb auch ihm den Kopf ab. Mit dem Hund wollte er es genauso machen, aber er bekam ihn nicht zu fassen. Daraufhin ritt Markair kreuz und quer durch den ganzen Wald und suchte die Königin. Aber er konnte sie nirgends finden. Er war fest entschlossen, wenn er die Königin finden würde, wollte er sie erst besitzen und ihr dann den Kopf abschlagen. Aber Gott war mit ihr. Er konnte sie nirgends finden. Als Markair einsehen mußte, daß er sie nicht finden würde, wurde er sehr zornig. Er ritt wieder nach Paris zurück, damit niemand merken sollte, daß er den Mord begangen hatte. Der Hund blieb bei seinem Herrn und beschützte ihn vor den wilden Tieren. Aber die Tiere fraßen das tote Pferd, das neben ihm lag. Die Königin ritt immer weiter und tat alles, damit Markair sie nicht doch noch einholen konnte. Sie rief zu Gott und seiner lieben Mutter und bat um ihren Schutz. Ihre Bitte wurde erhört, denn sie konnte vor ihm sicher sein. Sie ritt die ganze Nacht durch den Wald. Am Morgen des anderen Tages hatte sie den Wald hinter sich gelassen. Als die Königin aus dem Wald trat, mußte sie weinen. Sie sprach:

Wo soll ich arme Frau nun hin? Ich bin doch ganz zu Unrecht so verleumdet worden! Ich könnte den Zeitpunkt verfluchen, zu dem der Zwerg an den Hof gekommen ist!

Es war die Zeit um Ostern. Auf einmal begegnete ihr ein sehr häßlicher Mann, dessen eines Auge war nur weiß, während das andere gänzlich schwarz war. Mit einem Fuß ging er barfuß, an dem andern trug er einen Schuh. Er trieb einen Esel vor sich her, auf dem er Holz heimbringen wollte. Der Mann blickte auf und sah die Königin. Da sprach er:

Gott sei's gelobt! Mit der kann ich mich ja hier auf ein schönes Abenteuer einlassen!

Als die Königin den Mann sah, sprach sie:

Lieber Freund, sage mir bitte, wo du das Holz hinbringen willst!

Edle Frau, sprach der Mann, hat Euch der Teufel so früh geschickt! Ihr seid so schön anzusehen, daß Ihr Euch dafür erkenntlich zeigen solltet. Wo sind Eure Gefährten, die Euch durch die Gegend begleiten? Aber eigentlich würde es mir leid tun, wenn Ihr Gemeines tun müßtet, denn Ihr seid viel zu schade dazu. Ich habe niemals eine edlere und schönere Frau gesehen außer der Königin von Frankreich, die der König kürzlich auf den Scheiterhaufen gebracht hat. Gott soll ihn verfluchen. Auf der ganzen Erde wird man kaum einen solchen gemeinen König finden! Hättet Ihr Begleitung, so möchte ich meinen, Ihr wärt die Königin von Frankreich.

Die bin ich auch. Es ist wirklich wahr, daß der König mich verbrennen lassen wollte. Aber Gott weiß, daß mir in Wahrheit Unrecht geschieht. Seine Fürsten und die Geistlichen hatten Fürbitte für mich geleistet. Mein Gemahl, der König, gab mir Abrye von Mondidire, einen Ritter, als Geleitschutz mit. Aber Markair, der Verräter, ist mir hinterhergeeilt und hat meinen Begleiter erschlagen. Während er ihn tötete, bin ich davongeritten. Und nun weiß ich nicht mehr weiter. Dabei bin ich hochschwanger. Lieber Freund, gib mir einen guten Rat, und ich gebe dir dafür mein Pferd und alle meine Kleider. Du kannst damit tun, was du willst.

Herrin, sprach der Bauer, Ihr braucht nicht mehr alleine zu reiten. Ich werde Frau und Kinder verlassen, um Euch nach Constantinopel zu Eurem Vater, König Richard, zu bringen. Dem werden wir erzählen, wie Euch der König von Frankreich so verächtlich behandelt hat. Euer Vater müßte verwünscht werden, wenn er sich nicht an ihm rächen würde. Und wenn Ihr mit Gottes Hilfe ein Kind zur Welt bringt, braucht Ihr Euch nicht zu sorgen. Ich will so viel arbeiten, daß Ihr keinen Mangel zu leiden braucht.

Gott möge Euch lohnen, sprach die Köngin.

Lieber Freund, wie heißt ihr?

Herrin, ich heiße Warakir.

Das ist ein seltsamer Name, sprach die Königin. Lieber Warakir, gibt es eine Stadt hier in der Nähe? Ich habe auf einmal großen Hunger. Seit zwei Tagen habe ich nicht gegessen. Deshalb laß uns verkaufen, was ich besitze, damit wir davon leben können.

Ich werde schon gut dafür sorgen, daß alles zu einem guten Ende kommt, sprach Warakir.
Damit belud Warakir seinen Esel mit Holz. Der Esel trabte heim. Er kannte den Weg gut. Als Warakirs Frau den Esel ohne ihren Mann heimkommen sah, blieb ihr fast das Herz stillstehen. Denn sie dachte sofort, Warakir sei tot, oder die Förster hätten ihn gefangengenommen. Sie weinte und ihre Kinder mit ihr. Warakir und mit ihm die Königin ritten so lange, bis

sie in die Stadt Langers kamen. Dort gelangten die beiden über den Marktplatz, wo viele Bürger standen.

Bauer, sprachen die Bürger, wohin führst du die edle Frau?

Warakir schwieg und ritt weiter. Da riefen die Bürger wieder hinter ihm her und sprachen:

Hörst du nicht, du nichtsnutziger Bauer! Wohin willst du mit der Hohen Frau?

Ihr Herren, sprach die Königin, Ihr scheltet den Mann zu unrecht, denn er ist mein Ehemann.

Hohe Frau, sprachen die Bürger, dann muß der Teufel seine Hand im Spiel gehabt haben, wenn der eine so edle Frau gewinnen konnte.

Warakir schwieg zu allem still. Nach langem Weg gelangte er an eine Herberge. Die Königin sprach zu dem Wirt:

Lieber Wirt, im Namen Gottes, gebt uns für heute nacht eine Unterkunft!

Der Wirt sprach:

Liebe Frau, ich sehe Euch nur zu gut an, daß Ihr viel geweint habt. Ich werde Euch diese Nacht gerne beherbergen. Ich werde nichts dafür fordern, denn Ihr tut mir sehr leid.

Sie bedankte sich sehr bei ihm. Der Wirt brachte der Königin und Warakir reichlich zu essen. Als sie gut gegessen und getrunken hatten, ging der Wirt zu Warakir und sprach:

Lieber Freund, sag', ist diese edle Frau deine Gemahlin?

Lieber Wirt, sprach Warakir, Ihr seid mein Gastgeber. Deshalb ist es wohl anständig, Euch die Wahrheit zu sagen. Diese Frau ist nicht meine Ehefrau. Richtig ist, daß sie schwanger ist und von weit herkommt. Ich bin ihr Knecht, wir hatten vor, gemeinsam nach Rom zu wallfahren, aber da ist unsere Wegzehrung aufgebraucht gewesen.

Lieber Freund, sprach der Wirt, Gott soll mit Euch sein!

Der Wirt richtete für die Königin das Bett her. Sie legte sich nieder, denn sie war sehr müde. Als der Morgen graute, sprach die Königin:

Warakir, wir dürfen hier nicht bleiben, denn wenn mich der König hier finden sollte, würde wieder viel Schlimmes über mich hereinbrechen.

Herrin, sprach Warakir, das schwöre ich, wenn der König herkäme, würde ich ihn erstechen, und wenn ich deshalb an den Galgen käme!

Lieber Warakir, sprach die Königin, ich erwarte ein Kind und stehe zwei Monate vor der Niederkunft. Darum verkaufe das Maultier und meine Kleider, damit wir zu essen haben. Es liegt mir nichts mehr daran, prachtvolle Kleider zu tragen. Ich möchte zu meinem Vater und zu meiner Mutter nach Constantinopel kommen. Wir können froh sein, wenn wir noch dort ankommen, bevor ich nach Gottes Willen das Kind zur Welt bringe.

Das mache ich gerne, sprach Warakir.

Damit verkaufte er, was sie hatte. Sie verabschiedeten sich von dem Wirt und machten sich auf den Weg.

Ich erzähle Euch nicht viel von ihren Tagesreisen, nur, daß sie schließlich nach Köln kamen. Dort ruhten sie sich drei Tage gut aus und überquerten dann den Rhein. Sie erkundigten sich genau nach dem Weg, der nach Ungarn führt.

An dieser Stelle verlasse ich die Königin und Warakir, die ihren Weg nach Constantinopel fortsetzten. Stattdessen erzähle ich Euch von dem König von Frankreich.

Einmal saß der König mit vielen seiner Fürsten und Ritter bei Tisch. Er blickte in die Runde und konnte Abrye von Mondidire nicht entdecken. Da sprach er zu seinen Dienern:

Wenn Abrye von Mondidire, der meine Gemahlin begleiten sollte, wieder zurückgekommen ist, so schickt ihn zu mir!

Als Markair das hörte, sprang er auf und sprach:

Ich habe gehört, daß Abrye mit Eurer Gemahlin aus dem Land geritten ist und daß er sie darüber hinaus besessen hat.

Markair, sprach der König, sprichst du die Wahrheit?

Ja Herr, bei meinem Christenglauben! Ihr werdet Abrye nicht mehr an Eurem Hofe sehen, sprach Markair.

Diese Nachricht machte den König sehr zornig. Er schwor bei dem allmächtigen Gott, Abrye qualvoll töten zu lassen, wenn er seiner habhaft werden würde. Aber traurigerweise lag Abrye tot bei der Quelle. Sein Hund lag bei ihm und hatte vier Tage nichts gefressen. Von großem Hunger geplagt, stand der Hund deshalb auf, scharrte seinen Herrn mit Laub und Erde zu, damit ihn die wilden Tiere nicht fressen sollten. Dann lief der Hund nach Paris. Er kam gerade in dem Augenblick in den großen Saal, in dem der König bei Tisch saß, nach Abrye fragte und Mackair ihm darauf antwortete. Als der Hund Markair erblickte, sprang er über den Tisch auf ihn zu, verschüttete, was auf dem Tisch stand, und verbiß sich in Markairs rechte Schulter, daß das Blut nur so herunterlief. Markair schrie laut auf. Die Diener warfen mit Stöcken nach dem Hund. Der schnappte sich ein Brot und lief wieder zu seinem Herrn in den Wald zurück.

Ihr Herren, sprach der König, war das nicht der Windhund, den Abrye manchmal bei sich hatte? Wir hätten ihn aufhalten müssen, denn er hat Markair gebissen!

Es tat dem König leid, daß Markair so gebissen worden war.

Lieber Herr, sprach Nymo von Beyern, Markair wird nicht sterben, beruhigt Euch also! Unkraut vergeht nicht. Man muß das Unkraut lange ausjäten, bis man es vernichten kann.

Als Markair das hörte, war er außer sich. Der König ließ sogleich einen Arzt kommen. Als Markair genesen war, kam er zum König zurück.

Markair, sprach der König, seid Ihr wieder gesund?

Ja, Herr, sprach Markair.

Während sie noch miteinander redeten, war der Hund wieder nach Paris zurückgekommen und lief über den Marktplatz. Die Bürger sprachen zueinander:

Das ist Abryes Windhund. Wo mag der herkommen?

Der Hund lief bis in den Königssaal hinein. Dort standen der König und Markair und sprachen miteinander. Als Markair den Hund erblickte, lief er schnell weg. Der Hund lief ihm nach, aber Markairs Freunde verfolgten ihn mit Messern und Stöcken. Sie hätten den Hund auch erschlagen, wenn nicht Nymo von Beyern dazwischengekommen wäre und ihnen zugerufen hätte:

Ihr Herren, König Karl befiehlt, den Hund nicht zu erschlagen!

Höre, Nymo, sprachen Markairs Freunde, wir wissen nicht, was wir uns Euch gegenüber zuschulden haben kommen lassen! Denn wir sehen genau, daß Ihr uns immer alles vereitelt. Der Hund ist tollwütig, das sieht man doch! Hätte er sonst Markair, unsern Verwandten, in die Schulter gebissen? Ein gesunder Hund tut das normalerweise nicht.

Wer weiß? sprach Herzog Nymo, ob der Hund nicht vielleicht einen alten oder neuen Haß gegen Euren Verwandten hegt!

Als der Hund merkte, daß Nymo ihn beschützen wollte, lief er sogleich zu ihm. Nymo streichelte den Hund und übergab ihn einem, der Gaufra hieß. Dieser Gaufra war der Vater Otgers von Dänemark. Als Markair das sah, wurde er sehr zornig. Nymo rief Richard von der Normandie, Otger von Dänemark und auch dessen Vater, Salmon von Britannien und viele andere edle Fürsten zusammen und ging mit ihnen zum König. Sie knieten vor ihm nieder. Nymo führte den Hund neben sich und sprach zu dem König:

Mayestät, immer schon standen wir Euch mit unserem Rat in allen Euren Angelegenheiten am nächsten. Wir sind jetzt zu der Meinung gekommen, daß an Eurem Hof die Verräter überhand nehmen. Wir würden deshalb gerne den Tag erleben, an dem Ihr die Verräter hinausjagt. Wir raten Euch, seid auf der Hut, denn es ist notwendig!

Nymo, sprach König Karl, ich kann mich nicht selbst behüten, Gott wird mich in seine Obhut nehmen.

Amen, sprach Nymo, lieber Herr, ich werde ihn auch darum bitten. Mayestät, nun werde ich Euch sagen, warum ich so gesprochen habe: Dieser Hund tut niemandem etwas zuleide, außer Markair, Eurem Lehensmann. Ihr vermißt Abrye, seinen Herrn, der mit der Königin weggeritten ist. Wie Ihr sehr gut wißt, hat Abrye diesen Hund von Anfang an alleine erzogen.

Der Hund war zuletzt immer bei ihm, und Abrye hätte ihn um alles in der Welt nicht zurückgelassen. Darum bitten wir Euch, lieber Herr, daß Ihr uns einen Gefallen gewährt: Sattelt Euer Pferd und reitet dem Hund nach, der vorauslaufen wird. Dann wird man möglicherweise die Wahrheit erfahren. Ihr habt ja gesehen, daß er nur Markair gebissen hat, dann ein Brot geschnappt hat und weggelaufen ist. Und dann hat man ihn nicht mehr gesehen, bis er jetzt wiedergekommen ist. Mayestät, mein Gefühl sagt mir, Markair hat Abrye getötet. Und wäre es nicht so, gäbe ich alles her, was ich besitze! Herr, Abrye war ein ehrbarer Ritter und hat nie nachlässig seinen Lehndienst versehen. Wäre er nicht tot, dann wäre er zweifellos längst wieder zurückgekommen.

Nymo, sprach der König, das ist klug, was Ihr sagt! Ich werde ausreiten und will sehen, wohin mich der Hund führt.

Der Hund sprang dem König entgegen und bellte ganz laut, so, als wolle er ihm gerne etwas sagen. Der König setzte sich aufs Pferd, ebenso alle seine Ritter. Markair, der Verbrecher, jedoch hatte von diesem Gespräch gehört und blieb daheim. Er war sehr beunruhigt und trachtete heimlich danach, Herzog Nymo zu töten. König Karl ritt also hinaus, und der Windhund lief voraus bis in den Wald hinein und auch noch weiter bis zu seinem Herrn. Dort legte sich der Hund bei seinem Herrn nieder und begann laut aufzuheulen. Wie der König das hörte, scharrte er das Laub und die Erde beiseite. Da fanden sie den toten Abrye. Der König weinte sehr und sprach zu seiner Gefolgschaft:

Ihr Herren, hier ist der Beweis, daß Markair den Mord nicht leugnen kann. Abrye mußte wegen meiner Gemahlin, der Königin, sterben. Bedauerlicherweise weiß ich nicht, wo sie hingekommen ist. Ich befürchte, sie ist doch von Verrätern umgeben. Bei Gott, dem Allmächtigen - Markair muß diesen Mord sehr teuer bezahlen. Nun will ich genau wissen, wie sich die Sache zugetragen hat.

Inzwischen ließ der König Abryes Leichnam nach Paris, in die Stadt, tragen. Der Hund aber lief heulend und winselnd voraus, so daß alle, die dabei waren, weinen mußten. Als der tote Körper durch Paris getragen wurde, weinten alle Bürger und Bürgerinnen, denn sie hatten Abrye sehr lieb gehabt. Der Leichnam wurde mit allen Ehren in der Notre-Dame-Kirche beigesetzt. Nymo nahm sich des Hundes an und gab ihm genug zu essen und zu trinken. Aber der Hund trauerte so sehr, daß er weder essen noch trinken wollte. König Karl ließ Markair ins Gefängnis werfen. Dann ging der König schlafen. Und so verging die Zeit bis zum anderen Morgen. Nachdem er gegessen und die Messe gehört hatte, sprach er zu seinen Rittern:

Ihr Herren, nun bedenkt Euch, welches Urteil Ihr sprechen wollt. Es geht um den Tod Abryes von Mondidire, dem ich die Königin anbefohlen hatte. Wir wissen jetzt genau, daß er tot ist. Aber ich weiß nicht, wo die Königin ist. Wegen des Vorfalles mit dem

Hund habe ich Markair gefangennehmen lassen. Der Hund hat ihn gewiß nicht unbeabsichtigt gebissen, während er sonst niemandem etwas tut.

Herr, sprach Nymo, wir werden uns darüber beraten.

Nymo versammelte also die zwölf Pairs von Frankreich, um mit ihnen gemeinsam zu einem Ergebnis zu kommen. Galleran von Biacair begann als erster zu reden, denn er war Markairs Verwandter und achtete ihn sehr. Er sprach zu den andern:

Ihr Herren, Ihr solltet nicht beschließen, daß König Karl Markair tötet, darüber hinaus kenne ich keinen an diesem Hof, weder Fürst, noch Ritter, noch Knecht, der sich wegen des Mordes mit Markair in einen Zweikampf einlassen wollte. Markair soll sich diesbezüglich wohl verantworten. Denn daß ihn der Hund gebissen hat, ist vielleicht deshalb geschehen, weil er den Hund einmal geschlagen hat. Möglicherweise hat ihm das der Hund übelgenommen. Wenn Ihr darüber mit mir einer Meinung seid, dann laßt uns gemeinsam vor den König treten und ihm sagen, er möge Markair freilassen und ihm ein solches Verbrechen nicht anlasten. Überdies hat Markair viele einflußreiche Freunde und ist von hohem Adel. Sollte ihn der König auf solche Weise beschuldigen, könnte ihm großer Schaden entstehen. Darum ist das der beste Rat, den ich dazu geben kann.

Als die anderen elf Reichsfürsten Galleran zugehört hatten, gab es niemanden unter ihnen, der es gewagt hätte, ein Wort dagegen zu sagen. Denn Galleran und Markair waren von hohem und angesehenem Adel. Nymo stand auf und sprach:

Nun schweigt Ihr alle. Ich werde Galleran darauf antworten. Galleran, sprach Herzog Nymo, Ihr sagt, das findet Ihr für den besten Rat. Doch ich meine, man müßte andere Überlegungen zu dieser Sache anstellen. Als der König seine Gemahlin vertrieb, da befahl er Abrye diese selbe Königin an. Gott sei mit ihr! Nun ist Abrye ermordet worden. Wer den Mord begangen hat, hat sich dem König gegenüber sehr schändlich benommen. Während Abrye die Königin wegführte, haben wir alle genau gesehen, daß er auch seinen geliebten Windhund mitnahm. Merlin spricht davon, wie groß die Treue eines Hundes sein kann. Von dem will ich Euch erzählen: Es war einmal ein König. Der hatte Merlin gefangengenommen und in einen Turm geworfen, weil er erfahren wollte, ob Merlin wirklich so klug war, wie man von ihm erzählte. Merlin, sprach der König, du mußt mir ehrlich geloben, daß du mir das bringst, was dir das Liebste ist, was dir die größte Freude bereitet, wer dein treuester Freund und dein ärgster Feind ist. Herr, sprach Merlin, ich werde es tun. Damit ging Merlin heim und brachte sein Weib, sein Kind und seinen Hund. Als Merlin zurückgekommen war, trat er vor den König und sprach: Herr, hier bringe ich das, wonach Ihr verlangt habt. Hier steht mein Weib. Wenn ich ihr die gebührende Aufmerksamkeit schenke, so hat sie mich sehr lieb und ich meine dann, sie sei mein bester Freund. Aber sobald ich sie dann im Zorn schlage, würde sie mich am liebsten umbringen. Sie versichert mir sogar, daß sie sofort ihren Segen dazu erteilen würde, wenn man mich deswegen hängen würde. Deshalb halte ich sie für meinen Feind. Herr, nun zu meinem Sohn! Er ist mein ganzer Trost und meine Freude, und er ist mir das Liebste, was ich habe. Doch nur, solange er jung ist und mir gehorchen muß! So bleibt noch mein Hund. Der ist das Treueste, das ich besitze. Wenn ich ihm auch alle seine Glieder zerschlagen hätte und ihn fortgejagt hätte, so käme er doch wieder zu mir, wenn ich ihn rufen würde. Ihr Herren, sprach Herzog Nymo, dieses Beispiel habe ich Euch wegen Abrye und wegen seines Hundes erzählt. Nach meinen Überlegungen werde ich deshalb folgendermaßen urteilen: Weil Abrye außer dem Hund niemanden hat, der für ihn den Zweikampf austragen will, so soll Markair unberitten in den Kampf gehen. Er wird einen eineinhalb Fuß langen Stab in der Hand tragen, mit dem er gegen den Hund kämpft. Er darf auch einen Schild haben. Besiegt er ihn damit, dann steht es gut für ihn, und er ist frei. Überwindet ihn aber der Hund mit Gottes Fügung, so ist das für mich der Beweis, daß Markair den Mord begangen hat. So ist meine Entscheidung, und ich kann mir keine bessere denken. Will jedoch einer etwas dazu sagen, dann kann er das sehr wohl tun.

Da standen die anderen Reichsfürsten auf und sprachen übereinstimmend:

Herzog Nymo, Ihr seid ein kluger Mann. Wir wollen alle gemeinsam Eurem Rat folgen.

Ich vertraue auf Gott, sprach Nymo, wenn Markair den Mord begangen hat, so wird Gott an dem Hund während des Kampfes seine Wunderkraft beweisen.

Damit standen sie auf und gingen gemeinsam zum König und teilten ihm ihren Entschluß mit. Der König sprach:

Diese Entscheidung gefällt mir auch gut, denn sie scheint mir für beide Seiten gerecht zu sein.

Daraufhin wurde Markair sogleich freigelassen und vor den König geführt. Herzog Nymo sagte ihm, zu welchem Urteil sie gekommen waren. Über dieses Urteil freute sich Markair sehr und dankte dem König vielmals. Er glaubte, daß er sich in einem solchen Kampf von der schlimmen Mordanschuldigung befreien könnte. Ihr werdet es anschließend hören!

Markair, sprach der König, wenn dich der Hund besiegt, mußt du an den Galgen!

Herr, sprach Markair, Gott müßte mir eigentlich zu Hilfe kommen, denn ich tat Abrye wirklich kein Leid an. Herr, sprach Markair, es ist sehr demütigend, daß ich gegen einen Hund kämpfen soll.

Es muß so sein, sprach der König, denn meine Reichsfürsten haben so entschieden. Darum beeile dich und halte dich bereit, damit der Kampf beginnen kann.

Somit ging Markair mit seinen Freunden hinaus. Sie gaben ihm einen Schild und einen eineinhalb Fuß langen Stab zur Hand. Markairs Freunde sprachen zu ihm:

Lieber Freund, fürchte dich nicht! Wenn der Hund nun auf dich zuläuft, so gib ihm einen Hieb auf seinen Schädel, daß er tot umfällt. Sollte jemand daraufhin Einwände haben, so muß unser Verwandter, Galleran, uns geschickt da heraushelfen. Markair, sprachen die Verräter, wenn Ihr den Kampf beendet habt, werden wir uns erlauben, den König zu vergiften. Desgleichen Nymo von Beyern, weil er sich immer nur in unsere Angelegenheiten gemischt hat. Und erst dann haben wir unseren toten Gannolon gerächt. Die Königin ist fort, aber sie ist schwanger. Selbst wenn sie einen Sohn zur Welt brächte, der später einmal nach Hause käme, würden wir auch ihn umbringen. Anschließend werden wir unseren Verwandten, Markair, zum König ausrufen. Dadurch wird unser Adelsgeschlecht noch angesehener. Überdies gehören wir sowieso zum Hochadel, so daß uns niemand etwas anhaben kann.

So also sprachen die Verräter untereinander. Doch Markair wäre lieber über alle Meere gewesen, noch bevor die Nacht anbrach. Der König rief nach Markair und sprach:

Markair, stelle jetzt deine Bürgen auf, damit du diesen Kampf hinter dich bringst.

Sofort liefen vier herbei, die sich mit Leben und Gut für Markair verbürgten. Jetzt ließ der König den

Windhund holen. Gaufra, Otgers Vater, brachte den Hund. König Karl verkündete, daß, wer sich während des Kampfes mit Worten einmischt - ganz gleich, was er sieht - Leben und Gut verliert. Da kamen sie alle zu dem Kampfplatz, Bürger und Bürgerinnen, Junge und Alte, Frauen und Männer, so daß in der Stadt Paris niemand mehr war. Markair wurde auf den Platz geführt. Man brachte die Reliquie des Hl. Stefan.

Markair, sprach der König, nun küsse das Heiligtum, damit Gott dir beistehen möge!

Herr, sprach Markair, niemals, ich küsse die Reliquie nicht, und ich werde auch Gott nicht bitten, mir Beistand im Kampf gegen einen Hund zu gewähren. Bei diesen Worten bekreuzigten sich alle im Volk, und sie flehten Gott um seine Wunderkraft an. Wenn Markair am Tode Abryes schuldig sei, solle der Hund mit Gottes Hilfe Markair besiegen. Markair rief mit lauter Stimme:

Nun laßt den Hund los! Wenn ich ihn nicht beim ersten Schlag töte, dann setzt nicht länger auf mich.

Hund, sprach Gaufra, Otgers Vater, du kämpfst jetzt für deinen Herrn. Hat Markair den Mord begangen, so wird Gott mit dir sein, ihn zu besiegen. Gaufra machte den Hund los. Der Hund blickte sich im Kreis um und sah die vielen Menschen. Aber bald hatte er Markair entdeckt und erkannte ihn sogleich wieder. Noch ehe Markair seinen Stab ergreifen und den Schild vor sich halten konnte, hatte der Hund ihn angesprungen und ihm eine große Fleischwunde in die

Brust gebissen. Da wurde Markair sehr zornig. Er schlug dem Hund mit seinem Stab an die Stirne, daß er mit blutendem Kopf umfiel. Doch gleich sprang der Hund wieder auf seine Füße. Jetzt konnte man einen beeindruckenden Kampf zwischen Markair und dem Hund sehen. Viele Menschen standen um den Platz herum, sahen zu und baten Gott, daß jedem Gerechtigkeit widerfahren möge. Der Hund sprang ihn an und packte Markair so fest an der Kehle, daß er ihn beinahe erwürgt hätte. Markair schlug mit seiner Faust auf den Hund ein, damit er loslasse. Darauf aber setzte der Hund zum Sprung an und erwischte Markair so an der Nase, daß er Nase und Mund aufbiß. Das Blut lief Markair in den Hals, und er drohte zu ersticken. Da rief er ganz laut:

Oh, ihr meine Verwandten und Freunde, wo seid ihr denn? Kommt mir doch zuhilfe, sonst wird mich der Hund auf der Stelle töten.

Da liefen seine Freunde herbei und wollten den Hund erschlagen. Als König Karl das sah, sprach er:

Bei Gott, dem Allmächtigen! Wage es bloß keiner, auf den Kampfplatz zu gehen! Ihm droht der Galgen!

Nach diesen Worten des Königs nahmen die Verräter wieder Platz. Markair saß da und beklagte sich zutiefst. Und doch faßte er wieder Mut und lief auf den Hund zu, um ihn zu erschlagen. Dem kam der Hund zuvor, erwischte ihn an der Hand, in der er den Stab hatte, und hielt sie so lange fest, bis er den Stab fallen ließ. Da schrie und heulte Markair und schlug mit der anderen Faust ganz fest auf den Hund ein. Galleran rief die Angehörigen seines Adels - es waren wohl an die hundert - zusammen und sprach:

Liebe Freunde, ihr seht ja auch, daß der Hund unseren Freund Markair überwältigen wird. Das bedeutet ewige Schande für unser Adelshaus. Deshalb ist es mir viel lieber, wenn ich mich jetzt bereitmache und mit meiner Lanze auf den Kampfplatz reite, um den Hund zu erstechen - ganz gleich, ob es den anderen gefällt oder nicht. Dennoch, der König wird mich auf der Stelle gefangennehmen. Dann müßt ihr ihm eine große Auslösesumme versprechen. Der König liebt nämlich das Vermögen. Wenn er von euren Versprechungen erfährt, wird mir nichts geschehen. Sobald der Hund tot ist, ist Markair auch erlöst. Damit wären wir beide befreit.

Sie sprachen:

Freund, Ihr habt recht mit dem, was Ihr sagt. Wir wollen alles gerne so tun, wie Ihr es gesagt habt.

Da stieg Galleran aufs Pferd und ritt zu Markair auf den Platz. Er wollte mit seiner Lanze den Hund erstechen, aber die Lanze blieb zwischen den Vorderläufen des Hundes im Boden stecken. Galleran war ganz außer sich, als er das sah, zog sogleich sein Schwert und schlug damit nach dem Hund. Sowie der Hund das sah, ließ er von Markair ab und floh in die Menge. König Karl konnte sich kaum noch beherrschen, nachdem er das gesehen hatte, und rief den Kampfwächtern mit lauter Stimme zu:

Ihr Herren, wenn Ihr den Verbrecher entkommen laßt, lasse ich Euch hängen. Und wer mir Galleran, den anderen Betrüger, fängt, bekommt hundert Silbermark zur Belohnung.

Da begannen alle Knechte mit Messern und Steinen zu werfen, denn sie hatten sehr wohl gehört, was der König gesagt hatte. Bei diesem Anblick spornte Galleran sein Pferd und wäre gerne wieder draußen gewesen. Aber da stand eine so dichte Menge um ihn herum, daß es ihm nicht gelang. Da kam ein kräftiger Bauer und schlug Galleran mit einer schweren Keule vom Pferd, packte ihn und übergab ihn dem König. Auf der Stelle noch bekam der Bauer die hundert Silbermark ausgezahlt.

Nun gingen Gallerans Freunde zum König und sprachen:

Gnädiger König, tötet unseren Verwandten nicht! Man kann es ihm nicht verdenken, daß er seinem Verwandten gerne geholfen hätte, wohl aber, daß er sich Euch widersetzt hat. Dafür wollen wir Euch eine große Summe ausbezahlen.

Das ist gegen meine Ehre, sprach der König. Nicht einen Wagen voller Gold nehme ich im Tausch gegen ihn.

Dann ließ der König Galleran abführen und in ein Gefängnis werfen. Alle verließen den Kampfplatz. Nymo nahm den Hund und sprach zu ihm:

Tier, Gott sei mit dir, damit du dich jetzt zu wehren weißt im Kampf für deinen Herrn.

Damit sprang der Hund wieder auf den Platz und blickte sich um, bis er Markair entdeckt hatte. Der wurde darüber ganz verzweifelt. Er warf seinen Stab nach ihm, verfehlte ihn aber. Der Hund sprang an Markairs Hals und drückte ihn auf den Boden nieder. Als Markair sah, daß er für sein schlimmes Verbrechen bestraft werden sollte, winkte er nach den Kampfrichtern. Denn reden konnte er nicht. Da kam der König selbst und mit ihm seine Fürsten und Herzöge und auch alle seine Ritter. Man entfernte den Hund von ihm. Andernfalls hätte der ihn erwürgt.

Lieber Herr, sprach Markair, ich weiß nur zu gut, daß ich überführt bin und nicht mehr davonkomme. Darum will ich nun gestehen, was ich getan habe: Ich war Abrye nachgeritten und hätte gerne mit der Königin geschlafen. Weil Abrye mir das verwehren wollte, griff ich ihn an und schlug ihn tot. Während ich ihn erschlug, war mir die Königin entwischt. Ich suchte sie überall, und hätte ich sie gefunden, hätte ich erst mit ihr geschlafen und sie dann anschließend erschlagen. Beim allmächtigen Gott, Herr, das habe ich getan. Die Königin hat nichts Böses getan. Ich bereue auch zutiefst, daß ich Abrye erschlagen habe.

Habt Ihr gehört, sprach König Karl zu Nymo von Beyern, was uns der Verräter gestanden hat? Ach, edle Königin, sprach König Karl, ich bin sehr besorgt darüber, weil Ihr doch durch Verrat vom Hof vertrieben worden seid.

Der König ließ die beiden, Galleran und Markair, fesseln und zum Galgen schleifen. Dort wurden sie gehenkt. Der Hund jedoch lief zu dem Grab seines Herrn und heulte und winselte so lange, bis auch er starb. Da befahl der König, den Hund dicht neben dem Kirchhof zu begraben.

Hier verlasse ich nun den König und erzähle Euch von der Königin, die mit Warakir auf dem Weg nach Constantinopel war.
Sie kamen schließlich in eine Stadt, namens Gryman. Dort bekamen sie in dem Haus eines reichen Bürgers eine Unterkunft. Der hatte selbst eine schwangere Gemahlin. Die Königin war müde und legte sich nieder. Kaum war sie im Bett, setzten die Wehen ein. Deshalb rief sie:
Heilige Mutter Gottes, steh' mir nun bei!
Dann rief sie so laut, bis die Wirtin sie hörte. Diese rief andere Frauen herbei, und sie kamen, der Königin beizustehen. Gott ließ sie einen Sohn gebären. Die Frauen wickelten das Kind in weiße Tücher und brachten es Warakir. In der Achsel des Kindes entdeckten sie ein feines, rotes Kreuzmal.
Ewiger Gott, sprach Warakir, beschütze nun das Kind und verhilf ihm wieder zu seinem rechtmäßigen Erbe.
Der Hausherr ging zur Königin und sprach:
Liebe Frau, Ihr solltet das Kind taufen lassen!
Sie sprach:

Herr, wenn Ihr das für mich tun wolltet!

Da nahm Warakir das Kind in seine Arme, und der Hausherr und die Hausherrin begleiteten ihn zur Kirche. Zur Zeit wohnte der König von Ungarn in der Stadt. Er war früh am Morgen aufgestanden, um auszureiten. Da begegnete er dem Kind. Er fragte den Gastfreund danach und sprach:

Lieber Mann, wem gehört das Kind, das Ihr zur Kirche tragt?

Herr, sprach der Gastgeber, einer armen Frau. Sie kam vergangene Nacht in mein Haus, und ich gab ihr nach dem Willen Gottes Unterkunft. Nun hat unser Herrgott ihr in der Nacht einen Sohn geschenkt. Für ihn suchen wir einen Paten, damit er im christlichen Glauben erzogen werde.

Nach Gottes Willen werde ich ihn aus der Taufe heben, sprach der König.

Sie trugen das Kind in die Kirche. Der König nahm das Kind in seine Arme und betrachtete es ganz genau. Dabei bemerkte er das rote Kreuzmal. Da sprach er:

Ewiger Gott, ich bin mir gewiß, daß dieses Kind einmal König werden wird, wenn es am Leben bleibt.

Wie soll das Kind heißen, sprach der Priester.

Herr, sprach der König, es soll Ludewig heißen wie ich auch, denn es ist aus königlichem Geschlecht. Das weiß ich genau. Gott möge ihm Glück und Ehre schenken!

Nachdem es getauft war, sprach der König zu dem Gastgeber:

Lieber Gastfreund, paßt gut auf das Kind und auch auf seine Mutter auf, denn Euch wird von diesem Kind großes Glück widerfahren. Ich bitte Euch, bringt mir das Kind, wenn es groß geworden ist. Dann wird er es sehr gut bei mir haben.

Damit machte der König der Königin ein wunderbares Geschenk. Der Hausherr trug das Kind wieder nach Hause zurück. Warakir erzählte der Königin, daß der König von Ungarn der Taufpate ihres Kindes sei. Als die Königin das hörte, weinte sie sehr und sprach:

Ewiger Gott, wie hat man mich so häßlich aus meinem Königreich vertrieben. Ewiger Gott, nach deinem Willen ist mir nun solch große Ehre zuteil geworden. So befehle ich denn alle meine Leiden in deine Hände.

Der Hausherr und die Hausherrin erwiesen der Königin viel Gutes. Warakir arbeitete bei dem Gastgeber und tat alles, was er konnte. Als sie das Kind bis zu seinem zehnten Lebensjahr großgezogen hatten, sprach Warakir zu ihm:

Liebes Kind, der König ist dein Pate. Er hat mir aufgetragen, daß ich Euch zu ihm bringen soll, wenn Ihr alt genug seid, ihm zu dienen.

Vater, sprach Ludewig, das will ich gerne tun, es ist sicher meiner Mutter auch lieb.

Das erzählte Warakir der Königin. Darüber wurde sie sehr froh. Dann rief die Königin nach ihrem Gastfreund - er hieß Joseran - und sprach:

Lieber Freund, ich bitte Euch im Namen Gottes, führt meinen Sohn zum König!

Edle Frau, sprach er, das will ich gerne tun.

Da führten Warakir und der Wirt das Kind zum König. Als sie vor den König traten, sprach er zum Wirt:

Joseran, wer ist dieses edle Kind?

Herr, sprach Joseran, es ist Euer Patenkind Ludewig. Sein Vater und seine Mutter, die hier leben, haben mich gebeten, das Kind zu Euch zu bringen. Sie bitten Euch im Namen Gottes, daß Ihr Euch des Kindes annehmt.

Der König sah Warakir an und dachte im stillen:

Ich glaube nie und nimmer, daß der der Vater des Kindes ist.

Der König antwortete und sprach:

Ich will das gerne tun.

Und noch zur gleichen Stunde ließ er einen Priester rufen, der das Kind unterrichten sollte. Ludewig besuchte seinen Vater Warakir und seine Mutter sehr oft, um zu sehen, wie es ihnen gehe. Der Gastfreund hatte eine schöne Tochter. Die sprach eines Tages zu Ludewig:

Lieber Ludewig, als deine Mutter damals zu uns kam, da war sie eine sehr arme Frau. Dann haben wir ihr und Eurem Vater und auch Euch sehr viel Gutes getan. Wir haben Euch großgezogen. Ich bitte Euch, nehmt mich zu Eurer Gattin. Ihr werdet dann immer reich sein und allezeit versorgt sein. Lieber Ludewig, sprach das Mädchen, habt mich im Namen Gottes lieb. Ich habe keinen Menschen so liebgewonnen wie dich.

Liebe junge Herrin, sprach Ludewig, ich bin ein armer Mensch ohne Besitz. Darum hat Euer Vater meinen Vater und meine Mutter und auch mich mehr als zehn Jahre versorgt und wollte nicht einen Heller dafür nehmen. Und Gott möge mir beistehen, daß ich mich einmal dafür erkenntlich zeigen kann. Liebe junge Herrin, es ist besser so. Ihr werdet sicher einen Mann Eures Standes finden!

Als die junge Frau das hörte, wurde sie sehr traurig. Ludewig blieb nun ganz am Hof des ungarischen Königs. Er hatte eine Art, daß ihn alle dort liebgewannen. Eines Tages ging Warakir zu der Königin und sprach zu ihr:

Liebe Herrin, es sind nun mehr als zehn Jahre hier vergangen. Euer Sohn ist jetzt groß genug. Deshalb wäre es gut, wenn wir nach Constantinopel zu Eurem Vater und zu Eurer Mutter gehen würden.

Das ist mir sehr recht, sprach die Königin.

Damit rief sie ihren Sohn Ludewig zu sich und sagte ihm, daß sie nach Constantinopel gehen wollte. Dort hätte sie Vater und Mutter, die sie besuchen wolle.

Ludewig sprach:

Wann immer Ihr wollt, Herrin.

Die Gastfreundin sprach zu der Königin:

Liebe Frau, Euer Sohn ist mein Patenkind, und ich vertraue ihn nun ganz Gottes Schutz und Hilfe an. Er wird mir auch vergelten, was ich an Euch und ihm getan habe. Deshalb nehmt von meinem Ersparten, so viel Ihr benötigt. Ich will es Euch gerne geben.

Liebe Freundin, sprach die Königin, Unser Herrgott wird es Euch lohnen. Ich hoffe, ich kann es an Euch wieder gutmachen.

Darauf ging Ludewig zu dem König und verabschiedete sich von ihm. Warakir sattelte der Königin und Ludewig und auch sich selbst ein Maultier. Nun war Warakir ein recht häßlicher Mensch: Er hatte einen Bart, der ihm bis zum Nabel reichte. Seine Beine waren krumm und seine Füße plump und massig. Er hatte langes, krauses schwarzes Haar. Darauf trug er einen schwarzen Filzhut. Als Ludewig sah, wie Warakir sich zurechtgemacht hatte, wandte er sich beiseite und mußte herzhaft lachen. Die Königin und Ludewig und Warakir nahmen von den Gastgebern Abschied und bedankten sich sehr für alles, was sie für sie getan hatten. Dann ritten sie zusammen weg. Sie ritten, bis sie in einen tiefen Wald kamen. Darin hausten zwölf Mörder. Als Warakir im Wald die Vögel singen hörte, mußte er auch singen. Das hörte der Anführer der Verbrecher. Er wurde Pinckener genannt. Der sprach zu seinen Gesellen:

Da höre ich jemanden singen! Diesem dämlichen Gesang werden wir ein Ende bereiten. Selbst alles Gold des Orients könnte ihn nicht vor dem Tod bewahren.

Warakir sang so laut und so lange, bis ihn alle Halunken gehört hatten. Er sang noch, als er von ihnen entdeckt wurde. Als Pinckener die edle Frau sah, wollte er sie sogleich besitzen und sprach zu seinen Gesellen:

Die Frau ist wunderschön. Sie soll noch diese Nacht in meinen Armen liegen. Wenn sie dann eine Nacht mit mir geschlafen hat, will ich sie euch die andere Nacht überlassen, damit ihr auch mit ihr schlafen könnt. Den alten Bauern schlagen wir gleich tot, ebenso das Kind, das mit dabei ist.

Die anderen Verbrecher sagten hämisch:

Meister, was Ihr sagt, klingt gut.

Damit liefen sie zusammen auf Warakir und die Königin zu und riefen mit lauter Stimme:

Du hast eben ein Lied gesungen, das dich den Kopf kosten wird. Wir wollen unseren Willen mit dieser schönen Frau haben.

Als Ludewig das hörte, wurde er ganz rot im Gesicht. Warakir sprach:

Sohn Ludewig, erschrick nicht! Ich würde mich nicht um diese Halunken scheren.

Damit holte Warakir mit seinem Knüppel aus und traf einen Verbrecher an der Schläfe, daß er tot umfiel. Ludewig zog auch sein Schwert und schlug fest auf die Kerle ein. Die Halunken verletzten die Maultiere von Warakir und Ludewig schwer.

Ewiger Gott, sprach die Königin, komm mir schützend zu Hilfe gegen diese gemeinen Verbrecher.

Der Anführer warf mit einem Messer nach Warakir. Das drang durch die Kleider hindurch bis auf sein

Hemd. Aber es verletzte ihn nicht. Daraufhin schlug Warakir den Anführer tot. Nun sprach Warakir:

Ihr gemeinen, falschen Verräter, ihr müßt nun alle sterben.

Als die anderen Halunken sahen, daß ihr Anführer getötet war, flohen sie alle. Warakir und Ludewig hatten sechs der Verbrecher erschlagen und die anderen fünf schwer verwundet. Einer der Kerle fiel vor Ludewig auf die Knie und sprach zu ihm:

Lieber Herr, erbarmt Euch meiner und verschont mein Leben. Denn es wird vielleicht die Zeit kommen, wo Ihr mich gut gebrauchen könnt. Ich bin der klügste Dieb auf Erden: Es ist kein Schatz noch so gut verborgen, ich werde ihn mit Sicherheit finden. Ich kann auch Pferde stehlen und jedes Schloß öffnen.

Während die zwei miteinander redeten, kam Warakir und sprach:

Ludemann, lieber Sohn, warum tötest du den Kerl nicht?

Lieber Vater, sprach Ludewig, wenn es wahr ist, was er mir versprochen hat, dann soll er mein guter Freund sein, und ich werde ihm nichts tun. Er hat mir gesagt, daß ihm kein Schatz so gut verborgen wäre, den er nicht stehlen könnte. Er könnte auch jedes Schloß öffnen. Das gefällt mir sehr.

Da sprach Warakir zu dem Räuber:

Sag' mir, wie du heißt.

Herr, sprach er, ich heiße Grymmener.

Wirklich, sprach Ludewig, das ist ein richtiger Verbrechername! Kann ich dir auch Glauben schenken, sprach Ludewig.

Ja, Herr, beim allmächtigen Gott, sprach Grymmener. Ich werde Euch allezeit treu ergeben sein.

Nun, dann sage mir, sprach Ludewig, ist es noch weit, bis wir aus dem Wald heraus sind? Die Herrin hier auf dem Pferd ist nämlich sehr müde.

Herr, sprach Grymmener, Ihr habt noch gut sieben Meilen Wald vor Euch, wo Ihr weder Dorf noch Stadt finden werdet. Aber es sind nur noch drei Meilen bis zu einem schönen Brunnen. Dort wohnt sogar ein heiliger Mann. Er ist Priester. Ich habe oft seiner Messe beigewohnt. Meine Kameraden und ich hatten schon oft vorgehabt, ihn zu ermorden, aber Gott wollte es nicht geschehen lassen. Immer, wenn wir dorthin kamen, konnte keiner ihm etwas tun. Dieser Einsiedler ist ein Mann hohen Standes. Er ist der Bruder des Kaisers von Constantinopel. Der hat zwei Kinder, einen Sohn und eine Tochter. Die Tochter hat den König von Frankreich geheiratet.

Als Warakir das hörte, sah er die Königin an und bemerkte, daß sie bitterlich weinte. Da sagte er heimlich zu ihr:

Liebe Herrin, weint nicht, damit Euer Sohn Ludewig es nicht merkt.

Sodann ritten sie, bis sie an die Hütte des Einsiedlers kamen. An der Tür des Mönches hing ein Klöppel.

Warakir, der zuerst da war, klopfte damit an. Der Klausner kam heraus, bekreuzigte sich und sprach:

Seid mir willkommen, liebe Freunde. Mich wundert es, daß ihr unterwegs nicht von Verbrechern erschlagen worden seid. Es gibt nämlich viele Halunken in diesem Wald.

Herr, sprach Warakir, mit denen habe ich kurzen Prozeß gemacht.

Der Klausner sprach:

Während dreißig Jahren sah ich noch keinen Menschen, der unberaubt oder unverletzt dahergekommen wäre. Wer ist die vornehme Frau, sprach der Einsiedler. Es ist ein großes Wunder, daß sie unverletzt und unbeschadet bis hierher kommen konnte, also verschont geblieben ist.

Herr, sprach Ludewig, sie ist meine Mutter. Der alte Mann, der bei ihr steht, das ist mein Vater, jedoch der, der neben uns herläuft, steht in unseren Diensten. Er muß die Pferde warten.

Ihr lieben Freunde, sprach der Einsiedler, jetzt habe ich nur noch ein Haferbrot in meiner Hütte, und ich weiß auch nicht, wo ich etwas borgen könnte. Denn ich sitze hier weit ab von den Menschen. Ich habe auch weder Bett noch Stroh, auf dem ihr diese Nacht liegen könntet.

Lieber Herr, sprach Ludewig, nehmt uns für diese Nacht auf. Unser Herrgott wird uns genügend zum Essen bescheren.

Kommt nur herein, sprach der Klausner. Alles, was ich habe, soll Euch gehören.

Der Klausner sprach zu Ludewig:

Lieber Freund, du bist ein junger Mensch. Du kannst meinen Teil Brot essen. Ich gebe es dir gerne.

Lieber Herr, sprach Ludewig, ich danke euch sehr dafür. Bringt Euer Brot her, denn wir haben alle Hunger.

Die Königin ging zu dem Mönch und sprach:

Lieber Herr, könnt Ihr mir einen ehrlichen Rat geben, denn den brauche ich jetzt.

Liebe Frau, sprach der Klausner, ich glaube, Ihr seid von edler Herkunft. Darum bitte ich Euch, sagt mir, wer Ihr seid.

Herr, sprach die Königin, Kaiser Richard von Constantinopel ist mein Vater. Er gab mich dem König von Frankreich, und der ist mein Gemahl. Nun haben es gemeine Verräter fertiggebracht, daß mich der König, mein Gemahl, aus seinem gesamten Land verjagt hat.

Und nun begann sie von Anfang an zu erzählen und schilderte dem Klausner in allen Einzelheiten den Verrat.

Herr, sprach die Königin, der König hatte mir einen ehrbaren Ritter mitgegeben, der mich über das Gebirge geleiten sollte. Aber noch am selben Tag kam mir einer der Verräter nachgeritten und wollte seinen Willen mit mir haben. Das ließ der fromme Ritter nicht zu. Deshalb erschlug ihn der Verräter; in der

Zwischenzeit ritt ich so weit weg, daß ich dem Verräter entkommen konnte. Später traf ich im Wald diesen braven Mann, der hier neben mir steht. Er hat Frau und Kind verlassen und mich seither begleitet. Wir kamen in eine Stadt mit dem Namen Gerbel. Dort brachte ich einen kleinen Sohn zur Welt. Das ist der, der hier bei Euch steht. Der König von Ungarn hat meinen Sohn aus der Taufe gehoben. Er heißt Ludewig wie er.

Nachdem der Klausner der Königin zugehört hatte, mußte er sehr weinen. Er sprach:

Liebe Frau, Ihr seid meine Nichte. Euer Vater ist mein Bruder. Darum will ich die Klause verlassen und mit Euch nach Constantinopel zu Eurem Vater gehen. Dort werde ich mit meinem Bruder genau besprechen, wie wir genug Leute zusammenbringen können, um mit ihnen gegen den König von Frankreich zu ziehen. Will Euch daraufhin der König nicht wieder aufnehmen, so werden wir ihm sein gesamtes Land verwüsten. Erst wenn das geschehen ist, werde ich wieder in mich gehen und weiterhin mein Büßerhemd tragen.

Sodann sprach der Klausner zu Warakir:

Lieber Freund, willst du uns zu essen und zu trinken besorgen?

Herr, sprach Warakir, ich will gerne so lange reiten, bis ich irgendwo in ein Dorf komme, in dem ich Eßbares für uns finde.

Als Grymmener das Gespräch hörte, lief er sogleich herbei und sprach:

Herr, ich werde uns genug holen. Ich kenne alle Wege, und wenn das Geld fehlt, werde ich genug davon finden.

So geh, sprach der Mönch, denn wir sind alle sehr hungrig.

Grymmener ging weg. Er hatte nicht mehr als zehn Schillinge dabei. So kam er in eine Stadt auf einen Fischmarkt. Dort feilschte er um die Fische. Der Fischer bot sie ihm für zwanzig Schillinge an.

Ewiger Gott, dachte Grymmener, jetzt hast du nicht mehr als zehn Schillinge dabei. Damit kannst du nichts anfangen.

Grymmener handelte lange mit dem Fischer, aber der wollte die Fische nicht billiger verkaufen. Da dachte Grymmener bei sich:

Allmächtiger Gott, so kann ich doch nie und nimmer von hier weggehen, es sei denn, ich habe Fische und Vorrat genug dabei.

Grymmener rief einen Knecht und sprach zu ihm:

Lieber Freund, sage mir einmal, wer der Reichste in dieser Stadt ist!

Lieber Freund, sprach der Knecht, das ist eine dumme Frage. Du kannst es doch selbst an dem prächtigen Haus mit der vergoldeten Kuppel erkennen. Das ist der reichste Mann in diesem Gebiet. Und er ist Bürgermeister dieser Stadt. Man sagt wirklich, er habe mehr Geld als Getreidekörner, die man auf einmal zum Mahlen gibt.

Als Grymmener das gehört hatte, ging er abseits, färbte sein Gesicht schwarz und machte sich zwei Krücken. So ging er vor das Haus des reichen Mannes, der in der Stadt der Bürgermeister war. Grymmener hielt ein Auge geschlossen, das andere offen und flehte im Namen Gottes um Unterkunft. Der Bürgermeister saß mit seiner Frau und vielen anderen Leuten zusammen. Er sprach:

Freund, hier kann man dich nicht unterbringen. Denn in diesem Haus ist kein Platz für gemeine Bettler.

Lieber Mann, sprach die Bürgermeisterin, laß uns doch diesen armen Menschen im Namen Gottes aufnehmen!

Schweig, Frau, sprach der Bürgermeister. Er ist ein richtiger Nichtsnutz. Er könnte uns in der Nacht alles stehlen, was wir im Haus haben.

Lieber Herr, sprach Grymmener, Ihr begeht eine große Sünde, wenn Ihr so sprechet. Ihr seht doch sehr gut, wie mein Körper verunstaltet ist. Ich könnte doch keine zehn Goldmark verdienen, wenn ich jetzt zehn Schritte gehen müßte!

Kommt herein, sprach der Bürgermeister, im Namen Gottes will ich Euch heute nacht Unterkunft gewähren.

Als Grymmener in das Haus kam, sah er sich sorgfältig um und überlegte, wo er in der Nacht mit dem Stehlen anfangen könnte. Der Bürgermeister ließ Grymmener ein gutes Bett herrichten. Darauf gingen sie alle schlafen. Als Grymmener glaubte, daß sich alle niedergelegt hätten, wandte er schnell seine Zauberkünste an. Sie schliefen dann so fest und tief ein, daß man sie hätte wegtragen können, ohne daß sie aufgewacht wären. Nun zündete Grymmener ein Licht an und ging zu einer Kiste. Die öffnete er und nahm ein Laken heraus, das er vor sich ausbreitete. Darauf legte er alles silberne Geschirr aus der Truhe. Es war gut fünfzig Mark wert. Dazu nahm er viel Geld und einen gefütterten Rock mit. Er wollte das für Ludewig mitbringen, so sagte er zu sich selbst. Anschließend bündelte Grymmener alles Gerät und trug es an das Stadttor. Das war verschlossen. Aber mit seiner Zauberkunst konnte er das Tor öffnen. Dann trug er alles Gerät hinaus auf das Feld, wo er es tief unter einem Stein verbarg. Er nahm nur so viel Geld mit, daß er Proviant dafür kaufen konnte. Er schminkte sein Gesicht wieder ab und wusch sich gründlich sauber. Mit einem grünen Kranz auf seinem Haar ging er wieder in die Stadt zurück. Dort hörte er die Leute aufgeregt durcheinander reden. Alle sprachen sie von einem armen Bettler, der dem Bürgermeister viel Vermögen gestohlen hätte. Einer erzählte es dem anderen, wie der Bettler ihm vorgemacht hätte, daß er so krank sei und kaum noch krabbeln könnte. Und doch hätte er dem Bürgermeister so viele Schätze wegtragen können. Aber die meisten freuten sich darüber, denn der Bürgermeister hatte ihnen oft widerrechtlich von ihrem Besitz genommen. Grymmener begab sich zu dem Bürgermeister und sprach:

Lieber Herr, war es der, den ich gestern nacht vor Eurer Tür gesehen habe, der Euch so ausgeraubt hat? Er stand doch da, als ob er nicht mehr kriechen könnte. Obwohl, man soll solchen Spitzbuben niemals trauen.

Lieber Freund, sprach der Bürgermeister, es ist eine alte Weisheit: Wer den Schaden hat, braucht für den Spott nicht zu sorgen. Geht weg und laßt mich in Ruhe!

Grymmener kaufte nun genügend Fisch und Fleisch und Brot. Er packte alles zusammen und trug es zu dem Stein, unter dem er seine Sachen hatte. Dann nahm er das Zeug auf seine Schultern. Aber es war so schwer, daß er darunter fast zusammengebrochen wäre. Doch Grymmener traf einen armen Mann, der einen Esel mit einem Bündel Holz führte. Zu dem sprach Grymmener:

Freund, verkaufe mir den Esel! Ich will dir genug Geld dafür geben.

Ehrenwort, sprach der Mann, du fragst mich vergeblich. Ich gebe den Esel nicht um alles, was du da trägst, her.

Bei diesen Worten wurde Grymmener zornig. Er legte seine Last nieder und sagte dem Mann ein Wort ins Ohr, daß er davon umfiel und sofort fest eingeschlafen war. Nun band Grymmener das Holz von dem Esel und seine Sachen darauf. Sodann machte er sich sofort auf den Weg zur Klause. Als er zu der Klause kam, da standen die Königin und ihr Onkel vor der Tür, denn sie und die anderen hätten gerne gegessen. Wie sie Grymmener mit einem Esel ankommen sahen, wurden sie alle froh und gingen ihm entgegen.

Ich glaube, sprach Grymmener, ihr freut euch auf das Essen. Seht her, ich bringe uns Lebensmittel genug mit.

Damit entlud er seinen Esel, und alles, was er mitgebracht hatte, gab er Ludewig. Der dankte ihm sehr. Nun holte Grymmener den gefütterten Rock und gab ihn der Herrin. Die Königin bedankte sich sehr dafür. Als Warakir die Schätze sah, sprach er zu Grymmener:

Du meine Güte, ich glaube, du hast irgendjemanden ausgeraubt, oder du hast die Schätze gestohlen. Ludewig nahm Grymmener beiseite und sprach zu ihm:

Lieber Grymmener, sage mir, hast du auch niemanden getötet?

Herr, sprach Grymmener, redet nicht solchen Unsinn! Gott im Himmel sendet Euch alle diese Gaben, und weil ER es Euch gesandt hat, so nehmt es fröhlich an!

Du hast recht, sprach der Klausner.

Dann bereiteten sie das Essen und setzten sich zu Tisch. Der Mönch sprach:

Gott im Himmel sei Dank! Seit vielen Jahren war ich nicht mehr so satt geworden. Gott möge sich dem barmherzig erweisen, von dem es gekommen ist.

Nachdem sie gegessen hatten, wurde Ludewig schläfrig. Er legte sich nieder und schlief ein. Der Klausner beugte sich über ihn und küßte ihn auf den Mund. Er weinte und sprach:

Ach ewiger Gott, wie konnte es König Karl geschehen lassen und seine Frau verjagen, wo sie doch schwanger war und so untadelig ist! Sie hat auch ein so liebes Kind zur Welt gebracht! Verflucht sollen die Verräter sein, die um ihn sind! Ich hoffe bei Gott, daß sie ihren wohlverdienten Lohn erhalten!

Dabei erwachte Ludewig und sah, daß der Klausner so sehr weinte. Er sprach:

Lieber Herr, bitte sagt mir, warum Ihr so sehr weint!

Lieber Sohn, sprach der Klausner, ich will es Euch sagen. Ihr glaubt, Ihr seid der Sohn dieses alten Mannes. Aber ich schwöre Euch, Ihr gehört nicht zu ihm, denn Ihr seid der Sohn König Karls von Frankreich. Eure Mutter ist durch schweren Verrat vertrieben worden. Sie ist die Tochter meines Bruders. Wenn Ihr von mir hören wollt, wie sich alles zugetragen hat, so will ich es Euch erzählen.

Damit begann der Klausner Ludewig alles zu erzählen, was vorgefallen war.

Lieber Neffe, sprach der Einsiedler, ich werde mit Euch zu meinem Bruder, Eurem Großvater, reiten. Ihm wollen wir von der ganzen Sache berichten.

Am Abend legten sie sich schlafen und brachen früh am Morgen auf, um sich auf den Weg zu machen.

Ich erzähle Euch nicht von ihren Tagesreisen, außer, daß sie nach langer Reise schließlich nach Rom kamen. Dort fanden sie den Papst in seinem Palast. Zu ihm ging der Klausner und erzählte ihm genau, wie der König von Frankreich seine Nichte verjagt hatte und wie alles geschehen war. Als der Papst das hörte, war er sehr bestürzt und sprach, er wolle mit nach Constantinopel gehen und helfen, wo er nur könne. Der Papst fragte die Königin, wie sich alles zugetragen hatte. Er war sehr erstaunt darüber, und er ließ sofort ein Schiff klarmachen, um mit dem Klausner und den andern nach Constantinopel zu fahren. Schließlich kamen sie in Constantinopel an. Dort suchten sie den Kaiser auf. Als der Kaiser vernahm, daß der Papst komme, ging er ihm entgegen und empfing ihn mit hohen Ehren. Der Kaiser sah die Tochter lange an und konnte sie fast nicht wiedererkennen. Er sprach:

Seid Ihr nicht meine überaus geliebte Tochter?

Ja, lieber Herr, ich bin es.

Damit fiel sie ihrem Vater um den Hals und herzte und küßte ihn unter heißen Tränen. Er sprach:

Liebe Tochter, wie kommt es, daß dich der König von Frankreich mit einem so kleinen Gefolge hergeschickt hat? Wo sind Eure Herren, Ritter und Knechte, die Euch begleitet haben?

Vater, sprach die Königin, der König hat mich auf ganz schlimme Weise gefährdet.

Damit begann der Papst dem Kaiser den gesamten Hergang des Geschehens zu schildern. Als der Kaiser das vernommen hatte, seufzte er tiefbewegt. Er trat auf Ludewig zu, küßte ihn herzlich und sprach zu ihm:

Lieber Junge, dein Vater hat nicht gehalten, was er mir damals versprochen hatte. Er wollte zu meiner Tochter gerecht, edel und liebevoll sein. Das hat er nicht gehalten, sondern bewiesen, daß er an meiner Tochter nicht wie ein Edelmann gehandelt hat.

Lieber Herr, sprach die Königin, und wäre Warakir, dieser brave Mann, der hier neben mir steht, nicht gewesen, so wäre ich niemals mehr in dieses Land zurückgekommen.

Liebe Tochter, sprach der Kaiser, das glaube ich Euch sehr gerne. Darum werde ich auch diesen aufrichtigen Mann beschützen, solange ich lebe und herrsche.

Bruder, sprach der Mönch, ruft alle Geharnischten Eures Landes zusammen. Dann laßt uns gegen den französischen König zu Felde ziehen und alle seine Länder ausrauben und zerstören. Nimmt er meine Nichte nicht wieder bei sich auf, so werden wir ihn aus seinem eigenen Land vertreiben.

Bruder, sprach der Kaiser, es soll so geschehen, wie Ihr gesagt habt.

Der Kaiser ließ in seinem Land verkünden, daß jeder, der einen Harnisch trage, binnen eines Monats bei ihm eintreffen solle. Der König von Coine traf zuerst ein und brachte alle Leute, die ihm verpflichtet waren, mit. Ebenso taten es auch die andern. Der Kaiser ließ sein Schiff klarmachen und die Segel hissen. Dann fuhren er und der Papst mit der Königin und allen Rittern bis nach Venedig.

Ich erzähle Euch nichts von ihren Tagesreisen, nur daß sie schnell voranritten, damit sie bald nach Frankreich kämen.

Kaum waren sie in dem Land angekommen, brannten sie Burgen und Dörfer nieder und alles, was sich ihnen in die Quere stellte. Emmerich von Nerebonne wollte mit etwa zweihundert Lanzenträgern zum König reiten. Sein Sohn begleitete ihn, ebenso Wilhelm von Dandenays und Böues von Conmercy. Als sie das Kriegsheer sahen, wappneten sie sich alle. Ludewig hatte sie sehr schnell entdeckt und zog ihnen sogleich mit seinem Haufen entgegen. Der erste, auf den er traf, war Emmerich von Nerbon. Sie prallten so hart gegeneinander, daß sie zu Boden fielen. Aber sie standen gleich wieder auf, und Emmerich sprach zu Ludewig:

Wer bist du, gegen den ich angerannt bin?
Ludewig sprach:

Ich bin der Sohn von König Karl von Frankreich, aus dessen Land meine Mutter von falschen Verrätern verjagt wurde. Wenn König Karl, mein Vater, nicht sofort meine Mutter wieder aufnehmen will, so werden er und sein Land niemals wieder Frieden mit mir schließen können.

Ewiger Gott, sprach Emmerich, ich danke dir für deine göttliche Gnade! Ich habe meinen wahren Herrn wiedergefunden. Lieber Herr, sprach Emmerich, ich werde von jetzt an Euch vor jedem Verrat schützen, so wie es meiner und meiner Kinder Pflicht als Lehensträger ist. Ich gebe Euch auch meine Tochter Wißblume zur Ehefrau.

Dafür danke ich Euch, sprach Ludewig.

Emmerich war sehr froh, daß er mit Ludewig versöhnt war. Sie ließen die Trompeten blasen und den Frieden verkünden. Emmerich ritt zur Königin und begrüßte sie herzlich. Sie machten sich auf den Weg, bis sie vor Troye anlangten. Vor der Stadt schlugen sie ihre Zelte auf. König Karl hörte die Nachricht, daß sein Sohn und der König von Constantinopel mit einem großen Heer in sein Land gekommen waren. Da rief auch er sein Volk zusammen. Die von Troye wollten sich nicht gegen Ludewig stellen. Sie öffneten die Stadttore und übergaben ihm die Schlüssel. So zogen sie mit großer Freude ein. Warakir mußte an sein Weib und an seine Kinder denken und fing heftig zu weinen an. Er sprach:

Ach ewiger Gott, wie mag es nur meinem Weib und meinen Kindern gehen? Das muß ich jetzt wissen, koste es, was es wolle!

Damit ging Warakir zu Ludewig, fiel vor ihm auf die Knie und sprach:

Gnädiger, lieber Herr, ich bitte Euch, laßt mich mein Weib und meine Kinder wiedersehen!

Warakir, sprach Ludewig, wenn Euch etwas zustößt, so kann ich nie mehr froh werden. Denn sobald

Euch die Feinde erwischen, werden sie Euch Schlimmes antun.

Herr, sprach Warakir, darüber macht Euch keine Sorgen, denn ich habe einen dicken Knüppel zur Hand.

Als die Königin davon hörte, sprach sie:

Lieber Warakir, wollt Ihr mich verlassen?

Nein, edle Frau, sprach Warakir. Ich wäre nur gerne in Amyas, um mein Weib und die Kinder zu sehen, denn es ist schon lange her, daß ich sie gesehen habe!

Wenn es so ist, sprach die Königin, will ich Euch gerne gehen lassen. Warakir, sprach die Königin, richtet Eurer Frau aus, daß ich Euch - wenn ich mit Gottes Hilfe wieder Königin werden sollte - reich beschenken werde, damit es Eure Kinder einmal besser haben. Nehmt die zwanzig Mark und diesen Rock und bringt das Eurer Frau.

Warakir bedankte sich sehr dafür und verabschiedete sich von Ludewig und der Königin. Er gab sich als Pilger aus und ging so lange, bis er nach Amyas kam. Als Warakir vor sein Haus gelangte und durch die Tür trat, fand er seine Frau mit den Kindern in großer Armut. Sie sprach zu ihnen:

Ihr lieben Kinder, wie habe ich euch so lieb! Aber euren Vater verfluche ich, denn er hat mich hier in großer Armut zurückgelassen. Ich habe weder zu essen, noch zu trinken. Kein Leid ist schlimmer als die Armut, das weiß ich jetzt.

Damit vergrub sie ihr Gesicht in den Händen und weinte bitterlich. Als Warakir seine Frau so sah, mußte er auch weinen. Dann sprach er:

Liebe Frau, gewährt mir diese Nacht im Namen Gottes Unterkunft!

Kommt herein, sprach die Frau, im Namen Gottes gebe ich Euch Herberge. Vielleicht kann ich dann meinen Mann noch vor meinem Ende wiedersehen. Aber ich fürchte, er ist tot. Denn wäre er am Leben, so wäre er längst wiedergekommen. Er hat einen Esel. Damit fuhr er manchmal in den Wald und verdiente für uns so viel, daß wir genug Brot zu essen hatten. Doch nun kann ich Euch leider nichts anbieten.

Liebe Frau, sprach Warakir, wie ist Euer Name? Sie sprach:

Ich heiße Merie, und der, von dem ich gesprochen habe, hat mir vier kleine Kinder zurückgelassen. Eines der Kinder habe ich in die Stadt geschickt, um Brot zu betteln. Dann ist eines in den Wald und will Holz holen auf dem selben Esel, auf dem sein Vater auch in den Wald gefahren ist.

Da griff Warakir in seinen Geldsack und gab seinem Kind Geld und sprach:

Liebes Kind, kannst du für uns Wein und Brot kaufen?

Ja, sprach das Kind, das kann ich wohl.

Das Kind nahm das Geld und ging glücklich weg, denn es war sehr froh, daß es ihnen so gutgehen sollte. Es kaufte Fleisch und Brot ein, dazu auch genügend

Wein. Warakir holte Holz und machte ein warmes Feuer. Währenddessen kam sein Sohn mit dem Esel aus dem Wald zurück. Als der Esel Warakir sah, war er kaum zu bändigen. Darüber wunderten sich die Frau und ihre Kinder sehr. Warakir bereitete ihnen ein Essen, daß sie alle gut satt wurden und sich richtig wohl fühlten. Die Kinder wurden auch alle fröhlich und sprachen:

Liebe Mutter, wir haben einen neuen Vater gefunden! Lieber Bruder, sprachen die Kinder, bleib bei uns und gehe nie wieder weg!

Warakir sah seine Frau an und sprach:

Liebe Frau, wo soll ich mich heute nacht hinlegen?

Sie sprach:

Ich habe unten einen Keller. Dort werde ich genügend Stroh hintragen, damit Ihr gut liegt. Ich habe auch kein anderes Bett.

Laßt uns beieinander schlafen. Ihr habt keinen Mann, so wie ich kein Weib habe. Ich werde Euch genügend Geld geben. Laßt mich diese Nacht bei Euch schlafen!

Als die Frau das hörte, sprach sie:

Du gemeiner Kerl, du Halunke! Gott soll dich strafen! Verlasse sofort mein Haus! Wenn du nicht auf der Stelle hinausgehst, werde ich meinen Nachbarn rufen. Der wird dir den Hut schon voll schlagen!

Als Warakir das hörte, fing er zu lachen an. Die Frau sah ihn an und sprach:

Lieber Freund, sage mir, wer bist du?

Er sprach:

Liebe Frau, ich bin Warakir, Euer Ehemann, den Ihr einmal sehr lieb hattet. Mein Esel hatte mich gleich erkannt, und Ihr habt mich nicht erkannt. Habt Ihr nicht gehört, wie er sich angestellt hatte, sobald er mich bemerkt hatte?

Als die Frau ihren Mann so reden hörte, fiel sie ihm um den Hals und herzte und küßte ihn. Das war nun vielleicht eine Freude, wie man sich vorstellen kann!

Liebe Frau, sprach Warakir, erzählt niemandem etwas davon! Ich bin nämlich jetzt heimlich hier. Seht, hier sind zwanzig Silbermark und ein Rock, den schickt Euch meine Herrin.

Darüber war die Frau sehr froh, denn sie hatte lange Zeit in Armut gelebt. Nachdem Warakir zwei Nächte bei seiner Frau geblieben war, sprach er zu ihr:

Liebe Frau, ich muß nach Paris und die Verräter sehen, die meine Herrin verjagt haben. Ich möchte den Tag gerne erleben, an dem ich helfe, die Halunken zu henken.

Sie sprach:

Lieber Mann, paßt auf, daß Ihr ihnen nicht in die Hände fallt!

Er sprach:

Ich verlasse mich auf Gott da oben, der wird mich gut behüten!

Damit zog Warakir seine Mönchskutte an, nahm seinen Pilgerstab in die Hand und ging, bis er nach Paris kam. Als er dort anlangte, sah er ein großes Kriegsheer. Sie alle waren bereit, mit dem König ins Feld zu reiten. Als Warakir das sah, mußte er weinen und sprach:

Ewiger Gott, stimme König Karl gnädig, daß er seine Gattin, die Königin, wieder aufnimmt!

König Karl machte mit vielen seiner Fürsten und Räten eine Spazierfahrt auf dem Wasser. Auch viele Verräter waren dabei. Auf einmal zupfte König Karl Nymo von Beyern am Mantel und sprach zu ihm:

Lieber Nymo, was ratet Ihr mir? Mein Heer steht ja nun bereit!

Herr, sprach Nymo, ich möchte Euch einen guten Rat geben. Wenn ich Euch empfehlen darf, so würde ich an Eurer Stelle die Gattin wieder am Hof empfangen. Ich weiß nämlich sehr genau, daß ihr Unrecht geschehen ist. Wie ich gehört habe, ist Euer Sohn Ludewig in der Champagne eingezogen und mit ihm sein Großvater und seine Vettern mit einem starken Heer. Wenn es zum Kampf käme, so fürchte ich, daß Ihr den kürzeren ziehen werdet. Darum, lieber Herr, bitte ich Euch im Namen Gottes, meine Herrin wieder anzuerkennen. Gott und die ganze Welt werden es Euch danken.

Ein Verräter stand dabei, der hieß Meucion. Der hatte zugehört.

Herr, sprach Meucion, wenn Ihr die Herrin wieder aufnehmt, so seid Ihr kein Edelmann, denn ich weiß nur zu gut, daß sie sehr gewöhnlich ist. Es gibt kaum einen Burschen, der nicht mit ihr im Graben gelegen hätte und seinen Willen mit ihr haben konnte.

Diese Worte hörte Warakir und sprach:

Du lügst, du Halunke, du gemeiner Kerl! Wenn ich nicht solche Angst vor König Karl hätte, würde ich dich jetzt mit meinem Stock schlagen, daß du nicht wüßtest, wie dir geschieht.

Über diese Rede mußten König Karl und die anderen herzlich lachen.

Mönch, sprach König Karl, wo kommst du her?

Herr, sprach Warakir, ich komme vom heiligen Grab und bin unterwegs ausgeraubt worden. Ich kam vor die Stadt Troye. Ich sah noch niemals so viel Kriegsvolk lagern wie dort. Man sagt, daß der Kaiser von Constantinopel mit seiner Tochter und deren Sohn Ludewig, der auch Euer Sohn und Erbe ist, anwesend sei. Von dem hörte ich nun folgendes, daß er schwor, alle Verräter zu hängen, die seine Mutter vertrieben hatten.

Mönch, sprach der König, drohen die Constantinopler meinem Land und mir so sehr?

Herr, sprach Meucion, ich sage Euch ehrlich, der Mönch ist ein Spion. Deshalb bitte ich Euch, laßt ihm seine Augen ausstechen und ihn dann in den Wind hängen!

Der König sprach:

Das werde ich nicht tun. Ich will vielmehr erfahren, was er kann. Mönch, sprach der König, was kannst du? Womit könntest du dir dein Brot verdienen?

Herr, sprach Warakir, ich kann gut mit Pferden umgehen. Es gibt keine Pferdekrankheit, die ich, wenn ich das Pferd untersucht habe, nicht sofort erkennen könnte. Ich traue mir auch zu, sie mit Gottes Hilfe zu heilen.

Mönch, sprach der König, wenn du dich darauf verstehst und bei mir bleiben willst, so werde ich dich gut bezahlen. Ich habe ein stolzes Reitpferd. Das ist so halsstarrig, daß es sich von niemand anderem außer mir anfassen läßt. Wenn du ihm das austreiben könntest, würde ich dich reich belohnen.

Herr, sprach Warakir, laßt das Roß herbringen! Dann werde ich bald festgestellt haben, was ihm fehlt.

Der König sprach:

Das soll gleich geschehen.

Nun ließ der König das Pferd holen, und vier Knechte mußten das Tier halten. Als das Roß vorgeführt wurde, schüttelte es seine Mähne und begann laut zu wiehern. Einer sprach es zu dem andern:

Wer hat je ein edleres Pferd gesehen!

Als Warakir das Tier sah, da betete er in seiner Not:

Ach ewiger Gott, gib mir die Klugheit, daß ich dieses Roß meinem Herrn, König Ludewig, bringen kann. Soll ich jetzt ohne Sattel aufsitzen? Ich habe doch nämlich mein Lebtag nichts mit Pferden zu tun gehabt. Deshalb habe ich Angst, herunterzufallen. Doch wenn Gott bei mir ist, wird es schon gutgehen.

König Karl saß auf einer schönen Wiese und betrachtete voller Wohlgefallen sein edles Reitpferd.

Klausner, sprach der König, du bist möglicherweise viel herumgekommen. Hast du jemals ein schöneres Pferd gesehen?

Herr, sprach Warakir, würdet Ihr mir einen Sattel bringen und mich aufsitzen lassen? Dann könnte ich schon bald feststellen, wie ihm zu helfen wäre.

Das soll man tun, sprach der König.

Nun brachte man sogleich einen Sattel und sattelte das Pferd. Als Warakir aufsteigen wollte, schlug das Roß aus und bäumte sich so wild auf, daß Warakir beinahe zu Boden gefallen wäre. Einer sprach es zu dem andern:

Wir sollen wohl hier einen tollen Spaß zu sehen bekommen! Der Mönch wird sehr schnell auf dem Boden liegen.

Das hörte Warakir und sprach insgeheim zu sich selbst:

Das wird er nicht, so Gott will!

Warakir hielt sich ganz fest an der Mähne, so daß er aufzusitzen kam. Als er auf dem Pferd saß, ritt er nur einmal über die ganze Wiese und kam dann wieder zum König zurück. Dann sprach er:

Herr und König, ich bin Warakir, der mit Eurer Gattin, der Königin, fortgegangen war. Ich werde nun Eurem Sohn, König Ludewig, dieses Reitpferd bringen, und ich sage Euch, wenn Ihr meine Herrin, die Königin nicht wieder aufnehmt, so wird dieses ganze Land vernichtet werden.

Nach diesen Worten kehrte Warakir wieder um und galoppierte davon. Der König sprach:

Eilt sogleich dem Verräter nach, der mir mein Roß gestohlen hat. Wer mir mein Roß zurückbringt und den Verräter mit dabei, dem werde ich hundert Mark geben.

Da eilte jeder hinterher, Ritter und Knechte und Bürger, von denen, die beritten waren. Warakir flehte inbrünstig zu Gott, daß er ihn vor einem Sturz bewahren möge. König Karl, Otger von Dänemark und Nymo von Beyern jagten mit etwa dreihundert Pferden hinterher. Wer ihnen begegnete, den fragten sie nach einem alten Mann auf einem edlen Roß.

Ja, sprachen sie, er ritt sehr schnell davon.

Jagt ihm hinterher, sprach der König, damit der Verräter in meine Hände fällt.

Warakir ritt, bis er nach Amyas kam. Als ihm einer seiner Söhne begegnete, sprach er zu ihm:

Lieber Sohn, grüß mir deine Mutter und sage ihr, ich werde sie, so Gott will, bald wiedersehen.

Nun hielt er sich aber bei seinem Sohn so lange auf, daß der König ganz in seine Nähe kam und ihn erblickte. Da sprach er:

Du alter, falscher Verräter, diese Nacht mußt du im Wind hängen!

Muß ich nicht, so Gott will, sprach Warakir.

Damit trieb er das Roß mit seinen groben Holzschuhen an, daß es ihn schnell und leicht davontrug. Die Nacht griff nach Warakir, aber der Mond schien ganz hell. Der König ritt auch durch die Nacht, und am Morgen kam er in eine Stadt, die Apryemenis heißt. Dort fragte er die Bürger, ob sie einen alten Mann auf einem Roß gesehen hätten. Sie sprachen nein, sie hätten niemanden gesehen. Warakir ritt, bis er in das Heer zu Ludewig, König Karls Sohn, zurückkam. Zu ihm sprach er:

Herr, seht, ich bringe dieses Pferd! Ich habe es Eurem Vater, König Karl, weggenommen.

Und dann erzählte Warakir König Ludewig und seinen Leuten, wie es ihm ergangen war. Er sprach:

Wenn Ihr Karl, Euren Vater, finden wollt, er ist kaum sieben Meilen von hier entfernt.

Warakir, sprach Ludewig, ist das wahr, was Ihr mir sagt?

Ja, Herr, sprach Warakir, ich schwöre es. Doch wenn Ihr Euren Vater gefangennehmen wollt, dann müßt Ihr es jetzt tun. Er kann Euch nicht entkommen.

Nun denn, Ihr Herren, sprach Ludewig, ich würde meinen Vater nämlich sehr gerne gefangennehmen, damit er meine Mutter wieder anerkennt.

Nun wappnete sich das gesamte Heer und ritt dem König entgegen.

Ewiger Gott, sprach Ludewig, gib meinem Vater die Einsicht, daß er meine Mutter wieder aufnimmt.

Nymo von Beyern entdeckte, daß sich der König mit seinem gesamten Heer näherte. Deshalb sprach er:

König und Kriegsherr, es wird uns nun übel ergehen, denn Euer Sohn kommt uns mit seinem ganzen

Heer entgegen. Wir sind dem alten Halunken zu lange nachgeritten. Wenn Ihr auf die Verräter hören wollt und Eure Gattin nicht wieder aufnehmt, so geschieht uns das, was uns geschehen wird, zu recht. Wie sollen wir uns ohne Harnisch zur Wehr setzen? Wir haben nur unser bloßes Schwert. Wir waren noch nie in solch große Gefahr gekommen. Letztendlich haben wir nichts als unser Leben und auch das nicht mehr lange.

Nymo, sprach der König, der Kaiser haßt mich sehr, weil ich seine Tochter sehr unehrenhaft vertrieben habe.

Herr, sprach Salomon, ich habe immer wieder sagen hören, daß es ehrenvoller wäre zu fliehen, als die Schande der Gefangennahme zu erleben. Und, um die Wahrheit zu sagen: nirgendwo hatte ein Franzose um sein Leben zittern müssen, denn sie fürchten dieses nämliche Volk zu sehr.

Herr, sprach Nymo, ich kenne, gut sieben Meilen von hier entfernt, ein Schloß, das gut gesichert ist. Wenn wir miteinander dort oben wären, könnten wir uns wohl eine Weile sicher fühlen.

Wie heißt es, sprach der König.

Herr, sprach Nymo, es heißt Hattwil.

Gut, sprach der König, laßt uns dorthin reiten.

Doch noch bevor der König dort anlangte, kam ihm sein Sohn Ludewig zuvor. Das gesamte Heer verfolgte ihn und nahm etwa fünfundzwanzig Ritter gefangen. Unter ihnen war auch ein Teil der Verräter, die damals geraten hatten, daß die Königin verjagt werden müßte. Einer von ihnen hieß Meucion.

Ihr Herren, sprach Ludewig, sagt mir sogleich, wer Ihr seid!

Herr, wir sind Franzosen und bitten Euch im Namen Gottes, uns zu begnadigen. Wir werden uns auch ganz sicher ergeben.

Da kam Warakir und entdeckte zwei der Verräter und sprach:

Herr, ich kenne die beiden sehr gut. Es sind zwei richtige Halunken, denn sie sind es gewesen, die zum König sprachen, daß man mich hängen soll, weil ich ein Spitzel sei. Und es sind die, welche von meiner Herrin, der Königin sagten, sie sei nicht ehrenhaft, sondern ganz gewöhnlich. Herr, ich bitte Euch, laßt die Kerle zum Galgen schleifen!

Das ist mir sehr recht, sprach Ludewig.

Da schleifte man sie sogleich hinweg und henkte sie vor dem Schloß, in welchem sich der König aufhielt. Ludewig lagerte ganz in der Nähe des Schlosses. Als König Karl das sah, sprach er:

Ach, ewiger Gott, wie macht mich das traurig, wenn ich meine tapferen Kriegsmänner so vor meinen Augen hängen sehen muß.

Ludewig sprach zu den anderen Gefangenen:

Ihr Herren, Euch lasse ich frei. Reitet zu meinem Vater, König Karl, und grüßt ganz besonders Nymo von Beyern und Otger von Dänemark von mir. Wenngleich ich sie nicht kennengelernt habe, so habe ich doch viel Gutes über sie sagen hören. Gerne würde ich den Tag erleben, an dem ich sie voller Freude begrüßen kann. Sagt ihnen, daß ich sie im Namen Gottes bitte, meinen Vater zu beraten, daß er meine Mutter wieder zu sich nimmt.

Die Gefangenen bedankten sich sehr bei Ludewig und ritten zu König Karl zurück. Sobald sie zu ihm kamen, sprachen sie:

Herr und König, Euer Sohn Ludewig läßt Euch herzlich grüßen und bittet Euch im Namen Gottes, seine Mutter wieder aufzunehmen. Auch habe ich gehört, daß der Papst davon sprach, wenn Ihr es wünscht, wolle er sich Euch zu Füßen werfen. Daß Meucion und seine Freunde gehenkt worden sind, ist dem alten Mönch zu verdanken.

Ach ewiger Gott, sprach König Karl, wie beschämt mich der alte Halunke!

Damit nahm König Karl Otger und Nymo beiseite und sprach:

Ihr Herren, ratet mir, was nun zu tun ist!

Herr, sprach Nymo, hier haben wir nicht mehr für einen Heller zum Essen. Ich bin dafür, daß wir von hier wegkommen. Vielleicht weiß unser Herrgott einen Rat!

Mir ist das lieb, sprach der König. Möglicherweise läuft mir der alte Halunke über den Weg. das wäre mir lieber als ein Krieg zwischen Königen.

Nun ritten sie heimlich den Berg hinab und weiter bis zum Heer. Dort zogen alle ihr Schwert und riefen:

Lang lebe der König! Es lebe der König!

Als König Ludewigs Leute das hörten, sprangen sie sogleich zu den Waffen. Wie die Franzosen das gewahr wurden, traten sie bald den Rückzug an, denn sie waren zahlenmäßig unterlegen. Während sich die Franzosen wieder zurückzogen, begegneten ihnen König Ludewig und der Kaiser. Warakir saß auch auf einem Pferd und näherte sich Otger von Dänemark. Er schlug ihm mit einem Knüppel ganz fest auf die Hände. Sowie Otger die Schläge verspürte, erwischte er Warakir und zog ihn an seinem Bart fast den Berg hinauf. Warakir schrie laut:

Helft mir, sonst bin ich tot, wenn ich oben ankomme!

Das hörten Ludewig und seine Leute und eilten wütend hinterher, aber sie konnten nicht rechtzeitig eintreffen. Otger zog ihn in die Burg. Als Ludewig sah, daß er Warakir nicht helfen konnte, schrie er ganz verzweifelt. Er befürchtete, man werde Warakir töten. Otger führte Warakir vor König Karl. Die Franzosen kamen alle herbeigelaufen. Unter ihnen war einer, der hieß Alories. Er war auch einer der Verräter. Der sprach zu König Karl:

Herr, das ist der alte Halunke, der mit Eurem Roß weggeritten ist. Ich erkenne ihn sehr wohl.

Warakir biß die Zähne zusammen, rollte mit den Augen und schlug dem Verräter ins Gesicht, daß er vor den König hinfiel. Er sprach:

Du gemeiner Kerl, wie ich höre, bist du auch einer von denen, die es fertiggebracht haben, daß meine Herrin, die Königin, verjagt worden ist. Das wird dir König Ludewig, mein Herr, sehr wohl heimzahlen. Er wird euch Verräter allesamt hängen.

Als König Karl das sah, wurde er sehr zornig und ließ sogleich einen Galgen aufstellen, um Warakir daran aufzuhängen. Er sprach:

Nicht für einen Wagen voll Geldes würde ich diesen alten Halunken laufen lassen.

Warakir wurde noch zur gleichen Stunde zum Galgen geführt. Gott möge ihn behüten, denn er war seinem Ende sehr nahe.

Ewiger Gott, sprach Warakir, du, der du am Kreuz gestorben bist, erbarme dich nun meiner! Ach Ludewig, lieber Herr, möge Jesus Euch die Gnade zuteil werden lassen, daß Ihr mit Eurem Vater wieder versöhnt werdet.

Man brachte sogleich eine Leiter und warf Warakir ein Seil um den Hals.

Du alter Gauner, sprach Alories, nun können dir weder Gott, noch Mann oder Frau helfen. Du mußt hängen!

Darüber mußte Warakir sehr weinen. Warakir bat Gott inbrünstig um Barmherzigkeit. Unterdessen kamen Nymo von Beyern und Otger von Dänemark.

Mönch, sprach Nymo, du hast des Königs Streitroß gestohlen. Deshalb mußt du an einem Galgen hängen.

Lieber Herr, sprach Warakir, habt Gnade mit mir, denn ich habe Weib und Kinder verlassen wegen meiner Herrin, der Königin. Mit ihr ging ich bis in die große Stadt Grymmeys. Dort gebar sie meinen Herrn, König Ludewig.

Mönch, sprach Nymo, bist du es, von dem ich habe sagen hören, daß er die Königin auf ihrem Weg begleitet hat?

Ja, lieber Herr. Ich ließ um der Königin willen alles im Stich.

Als Nymo das hörte, lief er auf ihn zu, schnitt mit seinem Schwert das Seil durch und nahm die Binde von seinen Augen. Noch zur selben Stunde erfuhr König Karl, wie Nymo und Otger dafür gesorgt hatten, daß Warakir nicht gehenkt wurde. König Karl schickte sogleich nach Nymo. Er kam auch sofort herbei. Der König sprach:

Hört, Nymo, sagt mir, wie konntet Ihr es wagen und so kühn sein, den alten Halunken nicht zu henken?

Als Nymo darauf antworten wollte, da wollte es der König gar nicht hören, sondern rief nach zwei anderen Dienern. Ihnen befahl er, kraft seiner höchsten richterlichen Macht, auf Warakir gut aufzupassen.

Er muß doch hängen, sprach König Karl, ganz gleich, ob es jemandem gefällt oder nicht gefällt.

König Ludewig saß mit dem Kaiser von Constantinopel und dem Papst zusammen. Doch er konnte vom vielen Weinen nicht essen, so sehr litt er um Warakir.

Lieber Enkelsohn, sprachen der Kaiser und der Papst, Ihr solltet Euch nicht so grämen! Gott wird ihn schon behüten!

Lieber Herr, sprach Ludewig, ich würde mein Leben lang nicht mehr froh werden!

Während sie so redeten, trat Grymmener, der Dieb, ins Zelt und sah, daß der König Ludewig bitterlich weinte. Darüber wurde er sehr traurig. Er sprach:

Herr, wer hat Euch etwas zuleide getan? Sagt es mir, und wenn ich kann, werde ich es rächen.

Ich will es dir sagen, sprach Ludewig, mein Vater hält Warakir gefangen, und ich bin in Sorge, daß er ihn töten wird.

Herr, sprach Grymmener, seid deswegen unbesorgt! Noch vor Morgengrauen werde ich Euch Warakir zurückbringen.

Wenn Ihr das tun könntet, sprach Ludewig, ich würde es Euch reich belohnen!

Ja, Herr, sprach Grymmener, ehe ich aber wiederkomme, werde ich gewiß zwanzig getötet haben!

Als das der Papst hörte, sprach er:

Lieber Sohn, tut um Gottes Willen nichts dergleichen, denn es sind viele gute Menschen darunter. Wenn du jedoch Warakir wiederbringen könntest, wäre das sehr viel.

Nachdem Grymmener dem Papst zugehört hatte, macht er sich sogleich auf den Weg, den Berg hinauf.

Aber der Wächter auf dem Turm hatte ihn sehr schnell erblickt und sprach:

Was suchst du hier oben? Mache schnell wieder kehrt, sonst erschieße ich dich.

Als Grymmener das hörte, wandte er seine Zauberkunst an, und der Wächter schlief auf der Stelle ein. Dann schritt Grymmener eilig auf die Burg zu. Vor dem Tor traf er auf zehn Waffenträger, und sie versetzte er auch alle in tiefen Schlaf. Dann ging er weiter in die Burg hinein und verzauberte alle, die in der Burg waren, daß sie zur gleichen Zeit einschliefen. So kam er bis in König Karls Kammer. Dort fand er König Karl, Nymo und Otger, alle schlafend vor und viele andere brave Leute auch. Vier Wachskerzen brannten im Zimmer von König Karl.

Ach ewiger Gott, sprach Grymmener, wo soll ich nur Warakir suchen? Wenn ich ihn nicht finde, werde ich daraufhin diese Burg und alle darin verbrennen, so wahr mir Gott helfe!

Damit suchte Grymmener überall in der ganzen Burg, und zuguterletzt fand er Warakir an eine Säule gebunden. Grymmener weckte ihn auf. Er sprach:

Lieber Herr, seid mir gnädig!

Denn er meinte, es sei einer, der ihn töten wolle.

Warakir, sprach Grymmener, steht auf, ich werde Euch mit Gottes Hilfe hier heraushelfen.

Herr, sprach Warakir, sprecht leise, damit die nicht erwachen, die hier um mich herum sind. Denn wenn sie aufwachen, so töten sie mich und auch Euch.

Also los denn, sprach Grymmener, wir wollen uns den König anschauen.

Ich schwöre, sprach Warakir, selbst wenn man mir Paris schenken würde, wollte ich ihn nicht sehen.

Dann ging Grymmener in die Kammer des Königs. Er schlug die Decke zurück, damit er ihm ins Gesicht sehen konnte.

Ewiger Gott, sprach Grymmener, der König macht ein Gesicht wie ein grimmiger Löwe. Herr, lasse deine Gnade walten, damit er seine Gattin wieder anerkennt.

Damit rief er nach Warakir. Aber Warakir wäre um allen Reichtum des Königs nicht zu ihm und dem König gekommen. Grymmener bemerkte König Karls Schwert. Er nahm es mit, um es König Ludewig zu bringen. Grymmener und Warakir verließen die Burg. Da trafen sie auf den Kaiser und König Ludewig. Als König Ludewig Warakir wiedersah, umarmte und küßte er ihn und sprach:

Gott sei gelobt, lieber Vater, daß ich Euch wiederhabe!

Grymmener trat vor und sprach:

Herr, hier bringe ich das Schwert Eures Vaters.

König Ludewig sprach:

Lieber Grymmener, für all das Gute, was du für mich getan hast, werde ich dich reich belohnen.

In dem Heer herrschte große Freude, weil sie Warakir wiederhatten. Die in der Burg schliefen so lange, bis es Tag wurde. Nachdem der Wächter dann aufgewacht war, sah er das Tor offenstehen. Deshalb rief er:

Schnell auf, Ihr Herren, das Tor steht offen. Wir sind verraten.

Da griff der König sogleich nach seinem Schwert, aber er fand es nicht. Er sprach:

Ihr Herren, wo ist mein Schwert hingekommen?

Herr, sprach Nymo, das wißt Ihr besser als wir.

Darüber kamen die Halunken, die Warakir bewacht hatten, und sprachen:

Herr, Warakir ist vergangene Nacht entkommen.

Unerhört, sprach Karl, dann hat mir der Kerl auch mein Schwert gestohlen. Wie war mir geschehen? Ich hatte noch nie so tief geschlafen. Aber ihr habt mein Vertrauen töricht mißbraucht und den alten Halunken laufen lassen.

Damit rief er Nymo von Beyern und Otger von Dänemark und sprach:

Henkt diese beiden Kerle, denn sie haben Warakir entkommen lassen.

Sie wurden noch zur selben Stunde gehenkt. Danach sprach König Karl:

Wer von Euch reitet nach Paris, um Leute zu Hilfe zu holen für mich?

Herr, sprach Otger, ich werde das tun.

Damit legte Otger seine Rüstung an und ritt davon. Da traf er auf die Leute des Kaisers. Die sprachen:

Ritter, Ihr könnt uns nicht entkommen.

Otger schwieg, schwang seine Lanze und stach einen von ihnen nieder. Die anderen verfolgten ihn. Er aber konnte entkommen. Er ritt so lange, bis er in Paris war. Dort stand schon ein Heer bereit, das am anderen Morgen zum König reiten wollte. Otger sprach:

Ich werde in die Normandie zum Herzog reiten und ihm sagen, daß er auch dem König zu Hilfe kommen soll.

Damit ritt er auf der Stelle in die Normandie und erzählte dem Herzog, wie der Kaiser und König Ludewig Hattwill belagert hätten. Da sprach der Herzog:

Mir tut es leid, daß der König damals seine Gattin verjagt hat. Zumal ich gehört habe, daß ihr Unrecht geschehen ist und daß sie einen edlen Sohn von ihm hat. Lieber Otger, begehrt der König nun, ihm gegen seinen eigenen Sohn zu Hilfe zu kommen, oder ratet Ihr mir das? Ich werde meine Leute nicht gegen ihn zusammenkommen lassen. Ich werde zu ihm reiten, um ihm Trost und Hilfe zu sein.

Otger sprach:

Lieber Herr, dann bitte ich Euch, doch zum König zu reiten und ihn anzuflehen, daß er seine Gattin wieder aufnimmt.

Wenn ich dadurch etwas zum Guten wenden kann, dann werde ich es gerne tun.

Damit trafen sie sofort die Vorbereitungen und ritten alle zum König. Die Franzosen nahmen, eine Meile von Hatwill entfernt, Unterkunft. Als der König das hörte, war er sehr froh. König Ludewig sah die Franzosen anrücken und ritt ihnen sogleich kampfbereit entgegen. Sie kämpften bis zum Anbruch der Nacht, und beide Seiten, sowohl die von Ludewig als auch die der Franzosen, hatten große Verluste aufzuweisen. In der Nacht zogen sie sich wieder in ihr Lager zurück. Nymo trat vor den König, kniete nieder und sprach:

Edler König, nehmt Eure Gattin wieder auf, denn bis in den entferntesten Winkel Eures Landes findet man keine edlere und anständigere Frau als sie.

Nachdem der König Nymo angehört hatte, brach er in Tränen aus und sprach:

Ach Erbarmen, ich weiß nicht, was ich tun soll!

Am Morgen, als es tagte, sang der Papst die Messe. Er rief Ludewig, seine Mutter und deren Vater, den Kaiser, zu sich und sprach:

Ihr Herren, es steht geschrieben, Gott liebt die Demut über alles. Wenn Ihr nun meinem Rat folgen wollt, dann lassen wir im Heer ausrufen, daß sich alle Krieger bis auf ihr Hemd entkleiden sollen. Dann wollen wir so vor den König treten. Er müßte wirklich ein hartes Herz haben, wenn er daraufhin seine Gattin nicht wieder aufnähme. Es ist nämlich ganz und gar unehrenhaft, daß Vater und Kind miteinander im Streit leben sollen.

Für diesen Rat dankte der Kaiser dem Papst sehr und sprach:

Ich denke, das ist eine gute und sinnvolle Sache.

Noch zur selben Stunde ließen sie im Heer ausrufen. Als sich dann alle bis auf ihr Hemd ausgezogen hatten, gingen sie, immer zwei nebeneinander, zu König Karl hin. Der Papst und seine Kardinäle schritten voran.

König Karl sah den Zug auf sich zukommen und sprach:

Was sind das für Leute? Seht nach! Sind sie aufgebracht?

Herr, sprach Nymo, es ist Euer Sohn Ludewig. Er will mit seinen Leuten zu Euch und um Gnade bitten. Der Papst und der Kaiser und Eure Gattin ebenso.

Da fielen die zwölf Räte nieder auf die Knie und sprachen:

Edler König, nehmt Eure Gattin wieder auf, denn es lebt keine edlere Frau außer ihr. Ihr ist Gewalt angetan worden und Unrecht geschehen, wie Ihr sehr wohl von Markair, dem Verräter, gehört habt.

Der König nahm sich ein wenig Bedenkzeit und weinte. Dann trat er zu der Königin. Sie fiel auf die Knie und sprach:

Herr, vergeßt Euren Zorn gegen mich, arme Frau! Mir ist zu Unrecht Gewalt angetan worden.

Der König hob sie wieder auf und schlug den Mantel um sie. Dann küßte und umarmte er sie lange und herzlich. Darüber freute sich sein ganzes Volk. König Karl ging zu seinem Sohn Ludewig und umarmte und küßte ihn auch. Ludewig sah Warakir dabeistehen, von ihm sprach er zu seinem Vater:

Herr, das ist der, der meine Mutter im Wald gefunden hatte, damals, als Ihr sie aus Frankreich verjagt hattet. Er hat meine Mutter immer gut beschützt bis zum heutigen Tag. Lieber Herr, deshalb bitte ich Euch, daß Ihr ihm verzeiht, was er Euch angetan hat.

ELLEN DIESEL

DER FINGERABDRUCK DES *Farns*

VON DER HEYDT UND
KIRSCHHECK IN GEDICHTEN
SAMT KARTEN, ORTS- UND
WÖRTERVERZEICHNIS

RÖHRIG Edition

Im poetischen Dialog zwischen
Gedichten und einem Glossar
beschreibt Ellen Diesel ihre
Annäherung an die Verlassenheit
des Ortes Von der Heydt.

1994, 168 Seiten, 5 Karten, Broschur, 32,- DM
ISBN 3-86110-046-0

RÖHRIG VERLAG
Postfach 1806, 66368 St. Ingbert

»Doch für mich ist dieses Waldstück das Ungewisse, ein weißer Fleck auf der Karte, die ich gehend und lesend erforschen und in mein Gedächtnis einzeichnen will ... Ellen Diesels Wegkarte sind die Gedichte, die ihr in diesem Wald eingefallen sind, ja, ihre Gedichte sind die Wegkarte, der wir folgen, Ellen hat dem Ungewissen seine Bedrohung genommen, ohne ihm die Rätselhaftigkeit zu nehmen, doch sie braucht die roten Vermessungsstäbe nicht als Orientierungsmale für ihre entwirrende Phantasie.«

Aus dem Vorwort von Ludwig Harig

Ellen Diesel war 1990 Stadtteilautorin von Saarbrücken/Von der Heydt.

Der vorliegende Band ist das Ergebnis ihrer Auseinandersetzung mit der Geschichte des Bergbaus und der Bergbeamtensiedlung Von der Heydt.

In Gedichten und einem Glossar beschreibt sie ihre Annäherung an die Verlassenheit des Ortes, die Landschaft um Von der Heydt und die Geschichte des Bergbaus, so daß beim Lesen zwischen Gedichten und Glossar eine Art poetischer Dialog entstehen kann.

Ihre Buchhandlung:

KLAUS BERNARDING

Voltaire
in Briefen

Eine
Portrait-Skizze

RÖHRIG

Briefe in neuer
Auswahl
und Übersetzung

1995, 160 Seiten, 7 Abbildungen, Broschur, 32,- DM
ISBN 3-86110-058-4

RÖHRIG VERLAG
Postfach 1806, 66368 St. Ingbert

Das Besondere an diesem Buch ist zum einen die geglückte Auswahl aus der immensen Korrespondenz Voltaires, Briefe von der Schadenfreude des sechzehnjährigen Schülers bis zur todernsten Ironie des Sterbenden, zum anderen ihre Verknüpfung mit dem Genre 'Brief', den "Philosophischen Briefen" und Artikeln aus dem "Philosophischen Wörterbuch".

"Diese Briefe, in der neuen Übersetzung Klaus Bernardings, sind von einer so ursprünglichen Frische, daß wir darüber den historischen Abstand ziemlich vergessen können, wozu außerdem die sachkundigen Erläuterungen des Autors beitragen.

Insgesamt erhalten wir eine Kurzbiographie aus momentanen Streiflichtern – Anreiz zum Nachdenken über das Verhältnis des Einzelnen zur Gesellschaft und zur Macht, auch zu weiterer Lektüre der Werke dieses großen Aufklärers."

Gerhard Stebner

Ihre Buchhandlung:

SAARLÄNDISCHE
GESCHICHTE

EINE ANTHOLOGIE

Richard van Dülmen
Reinhard Klimmt
(Hg.)

SAAR
LAND
**BIBLIO
THEK**

RÖHRIG VERLAG

SAARLÄNDISCHE GESCHICHTE
EINE ANTHOLOGIE

Eine moderne Geschichtsdarstellung des Saarlandes von der Römerzeit bis heute gibt es leider nicht. Die vorliegende Anthologie will und kann zwar keinen Ersatz dafür bieten; die hier im Zusammenhang vorgestellten, verstreut erschienenen Beiträge möchten aber wichtige Bausteine liefern - und die Lust zur Beschäftigung mit den vergangenen Welten in diesem Raum wecken.

Präsentiert wird eine Auswahl zentraler gedruckter Aufsätze, ergänzt durch einige Passagen aus wichtigen Monographien. Damit liegt ein Grundlagenwerk vor, das für die weitere Aufarbeitung saarländischer Geschichte von grossem Wert ist. Zugleich soll die Anthologie eine wissenschaftliche Einführung in die saarländische Geschichte bieten, auf ihre zentralen Prozesse und Probleme hinweisen und so das Geschichtsbewußtsein im Lande stärken.

Die Auswahl erfolgte nach drei Leitlinien: Einmal möchte die Sammlung alle wichtigen, kritisch erarbeiteten und gut lesbaren Beiträge zur saarländischen Geschichte von der Römerzeit an darbieten, die heute noch von Bedeutung sind und den neuesten Wissensstand widerspiegeln. Zum zweiten wurde Wert darauf gelegt, neben der politischen Geschichte auch die Gesellschafts- und Alltagsgeschichte angemessen zu berücksichtigen und damit den Anforderungen einer modernen Regionalgeschichte gerecht zu werden. Schließlich kommt der Epoche der Industrialisierung ein besonderer Akzent zu, weil sie das Saarland entscheidend geprägt hat. Die Anthologie endet mit der Zeit des Anschlusses an die Bundesrepublik. Das moderne Saarland seit 1960 ist bislang nur peripher Gegenstand historischer Forschung gewesen.

Diese Anthologie soll mithelfen, die Grundlagen für eine neue Annäherung an die saarländische Geschichte zu legen; sie benennt zugleich Defizite, die der künftigen Forschung zur Aufarbeitung aufgegeben sind.

SAARLÄNDISCHE GESCHICHTE.
EINE ANTHOLOGIE
SAARLAND BIBLIOTHEK. Band 10
ca. 400 Seiten, 49 Abb., Großformat, Ganzleinen
ISBN 3-86110-054-1   58,- DM

INHALT

SAAR LAND BIBLIO THEK

Wir informieren Sie gerne
über unser komplettes Programm!

RÖHRIG VERLAG
Postfach 1806, 66368 St, Ingbert

SAARLAND BIBLIOTHEK herausgegeben von
Richard van Dülmen und Reinhard Klimmt

Die Saarland Bibliothek stellt Beiträge zur
Erforschung von Kultur, Geschichte und Politik
des Saarlandes vor.
Die Reihe möchte sowohl einen Beitrag zur politischen Kultur dieser Region als auch zur Geschichte des Grenzraumes an der Saar leisten.
Wissenschaftlich kritische Vermittlung wird dabei
verbunden mit essayistischen Formen der Darstel-
lung und plastischen Bilddokumenten.

Die SAARLAND BIBLIOTHEK will informieren,
analysieren, dokumentieren und verständlich
machen.
Sie richtet sich an alle an der besonderen Kultur-
und Geschichtslandschaft des Saarraumes interes-
sierten Bürger innerhalb und außerhalb der
Region.

Ihre Buchhandlung:

RÖHRIG VERLAG, Postfach 1806, 66368 St. Ingbert

Der König sprach:

Das kann geschehen. Er hat wie ein Edelmann gehandelt.

Da verzieh ihm der König alles. Er rief Nymo und Otger und sprach:

Faßt die Verräter, die mir das angetan haben, und bindet einen jeden an den Schweif eines Pferdes und laßt sie zum Galgen schleifen. Dann henkt sie alle.

Sie sprachen:

Herr, das wird geschehen.

Somit suchten und fanden sie mindestens zehn von ihnen, die sie alle gut kannten. Es gab auch noch andere, aber die waren beizeiten geflohen. Nun waren König Karl und seine Gattin wieder versöhnt und bekamen später einen Sohn, den sie Loher nannten. Er wurde Kaiser von Rom. Dann bekamen sie eine Tochter. Sie wurde eine Gräfin zu Pontue. Die brachte einen Sohn zur Welt, Isenbart genannt. Das war der, den sein Onkel, König Ludewig, aus allen christlichen Ländern vertrieb, wie Ihr ein andermal hören werdet. Somit ist dieses Buch zuende. Möge Gott alle Not von uns wenden!

Hier endet das Buch von König Karl von Frankreich und seiner Gattin Sibille, die wegen eines Zwerges verjagt worden war.

Elisabeth von Lothringen

Elisabeth entstammt angesehenem französischem Adel. Sie wird als Tochter der Margarete von Joinville in der Champagne und des Friedrich von Lothringen (Ferre de Lorraine) etwa 1397 geboren. Sie verbringt ihre Kindheit und Jugend auf Schloß Vézelise, unweit von Vaudemont, 40 km südlich von Nancy. Sie hat sechs Geschwister, von denen ihr Bruder Antoine in allen Lebenssituationen ihr engster Vertrauter bleiben wird.

Wie andere mittelalterliche Kindheiten ist auch die von Elisabeth ein unbeschriebenes Blatt. Nichts von ihr ist bekannt, bis sie am 11. August 1412 im Alter von 15 Jahren durch die Heirat mit dem Grafen Philipp I, dem Begründer der Linie Nassau-Saarbrücken, die Bühne der Geschichte betritt. Und nun wird offensichtlich, was die Chronisten über das Kind Elisabeth zu sagen versäumt haben: die lothringische Adlige ist eine sensible, hochintelligente Frau mit einer besonderen Vorliebe und Begabung für Literatur.

In Vézelise hat Elisabeth wahrscheinlich eine unbeschwerte Kindheit verlebt. Dort wird sie nicht nur das Lesen und Schreiben des Französischen und Lateinischen gelernt haben, sondern sie wird auch in der Kunst des Musizierens, in der Astronomie und in den Grundbegriffen der Medizin unterwiesen worden sein, ganz so, wie es in der Erziehung der Mädchen an den französischen Höfen üblich war. Insbesondere durch ihre Mutter, welche die Chronisten als eine kulturell hochinteressierte Frau beschreiben, wird sie Kontakt zur alten und zeitgenössischen französischen Literatur bekommen haben. Hinzu kam, daß im 14. Jahrhundert die gebildete Adelsschicht ihr literarisches Interesse für die allgemein bildenden Bücher des 13. Jahrhunderts auf speziellere verlegte, auf Romane zum Beispiel, Tierbücher, Satiren, Alchimie, Turnierkunst, Rechtsgeschichte, politische Geschichte usw. Ich stelle mir vor, wie Elisabeth begierig gelauscht hat, wenn in adliger Frauenrunde - die Männer sind in der Regel ihren Vasallendiensten auf kriegerischer Ebene nachgekommen - Geschichten von großen Helden, von Alexander und Julius Cäsar, von Karl dem Großen und Roland und davon, wie Tristan und Isolde sich liebten und wie sie sündigten, vorgelesen worden sind. Die Kunstliebhaberin Margarete von Joinville hat die französischen Heldenepen, die *chansons de geste*, in kunstvolle Handschriften neu schreiben lassen. Neben diesen Werken stehen aber auch die Bücher der Christine de Pizan, die in Paris als selbständige Autorin zu großer Berühmtheit gelangt ist. So der Chronist.

In aller adligen Frauenmunde ist ihr umstrittenstes Werk »La cité des dames«, in dem sie für die Gleichberechtigung der Frauen im damals verstandenen Sinne eintritt. Christine wird für Elisabeth, die zukünftige Autorin am Saarbrücker Hof, prägend geworden sein. Unvergessen für sie auch die Theaterbesuche in Metz. Es sind meistens religiöse Spiele, die von Geistlichen und geachteten Bürgern dargeboten werden.

Zunächst einmal jedoch wird die 15jährige Französin die zweite Gemahlin Philipp I und hält Einzug auf der Saarbrücker Burg. Philipp ist fast dreißig Jahre älter als

Elisabeth, und man kann nur vermuten, daß diese Heirat politischen Neigungen entsprungen ist. Der Graf befand sich - wie so oft - in Geldnöten, und der lothringische Hof war angesehen und vermögend. Philipps erste Frau ist eine deutsche Adlige gewesen.

Mit Elisabeth betritt nun eine Französin die Nassau-Saarbrücker Adelslinie. Eine junge Frau, im französischen Geiste erzogen, in der Kultur und der Tradition ihres Landes verwurzelt, lernt nun an der Seite ihres Mannes ein anderes Bewußtsein kennen, andere Sitten, andere Lebensweisen und eine andere Sprache. Wahrscheinlich wird sie zunächst als Fremde mißtrauisch beobachtet und kritisiert, sie ist Intrigen ausgesetzt, und sie ist allein. Wenn auch die mehr als dürftigen Zeitdokumente (vieles ist der Zerstörung anheimgefallen) darüber nichts berichten, so lassen sich diese persönlichen Erfahrungen durchaus aus ihrem Werk erschließen.

Ihr Mann ist ein echter »chevalier preux«, im Vasallendienst des französischen wie des deutschen Lehnsherrn gleichermaßen begeistert engagiert und ständig in kriegerischen Auseinandersetzungen unterwegs. Für ihn ist das Rittertum immer noch mehr als bloßer Verhaltenskodex für Liebe und Krieg, es ist moralisches System. Positiver Nebeneffekt: er vergrößert seinen Besitz auf deutscher und französischer Seite und wird zum mächtigsten Adligen im südwestlichen Raum. Zu seiner Auffassung von Ritterlichkeit gehört neben der Höflichkeit die Großzügigkeit als notwendige Ergänzung. Geschenke und Gastfreundlichkeit sind die Kennzeichen eines wirklichen Herrn - und als solchen sieht sich Philipp, wie viele seinesgleichen auch in jenem Jahrhundert. So ist es auch zu erklären, daß der Gatte Elisabeths trotz seines großen Besitzes ständig hoch verschuldet ist. Doch über die Gründe schweigt der Chronist.

Siebzehn Jahre lebt Elisabeth an seiner Seite und gebiert ihm zwei Söhne und drei Töchter. Sie hat mittlerweile die deutsche Sprache recht gut erlernt, sie hat mit großer Sensibilität und dank ihrer wachen Intelligenz Achtung und Anerkennung am Hof erlangt. Die am Hofe merken schnell, daß sie es mit einer Frau zu tun haben, die sich nicht in eine angepaßte, passive Rolle - wie an deutschen Fürstenhöfen dieser Zeit noch üblich - fügt, sondern klug und umsichtig die politischen Situationen in der häufigen Abwesenheit ihres Gatten meistert. Kritisch vergleicht sie den politischen Führungsstil am deutschen Hof mit dem in Paris. Sie spürt den veränderten, den neuen Geist eines neuen beginnenden Jahrhunderts, der Risse in das alte feudalistische Gefüge gefressen hat, an das sich ihr Mann noch verbissen klammert. Sie will ihre Söhne in diesem neuen Bewußtsein erziehen und schickt sie deshalb an den französischen Hof in Paris und Nancy. Ihren Töchtern vermittelt sie die ihr vertraute französische Literatur. Sie hält die Kontakte mit ihren Verwandten in Nancy aufrecht, insbesondere auf kultureller und künstlerischer Ebene. Sie nimmt begeisterten Anteil an den Gedichten ihres Bruders Antoine. Mit ihm gemeinsam wird sie 1437 nach langer Zeit wieder die Passionsspiele in Metz besuchen.

Da ist ihr Gatte schon acht Jahre tot. Er stirbt 1429 auf einer Reise nach Wiesbaden. Elisabeth übernimmt nun die Regierungsgeschäfte, und es wird deutlich, wie politisch fortschrittlich - im Gegensatz zu dem konservativen Führungsstil ihres Mannes - diese Frau denkt und handeln wird. Sie hat gelernt, wie gefährlich es sein kann, an alten Machtstrukturen festzuhalten. Sie hat mit großem Interesse die politische Entwicklung an den ihr bekannten französischen Höfen und vor allem dem in Paris verfolgt. Sie hat die Bestrebungen des gehobenen dritten Standes, des erstarkenden Bürgertums auch in ihrem Lande kritisch beobachtet. Nun, da sie die Regentschaft übernommen hat, vermittelt sie den Bürgerlichen das Bewußtsein, ein wichtiger Faktor im wirtschaftlichen und finanziellen Gefüge des Landes zu sein. Sie kooperiert mit ihnen, zwingt sie gleichzeitig in ihre Pflichten der Regentin gegenüber und ist bemüht, sie nicht zu autonom werden zu lassen. Die Hierarchie bleibt gewahrt. Dadurch erreicht sie einen wirtschaftlichen Aufschwung ihres Landes, kann die hinterlassenen Schulden ihres Mannes begleichen und leitet eine friedvolle Zeit ein. Sie verzichtet auf einige Besitztümer und vermeidet dadurch kriegerische Auseinandersetzungen. Sie knüpft diplomatische Beziehungen und pflegt nun wieder intensiver die ihr wertvollen Kontakte zum lothringischen Hof. Dem Vorbild ihrer Mutter folgend, ist sie streng religiös und besitzt von daher ein ausgeprägtes ethisch-moralisches Bewußtsein von Strenge und Unnachgiebigkeit gegen sich selbst, Willensstärke und Konsequenz. Ebenso unnachgiebig wird sie ihren Untergebenen gegenüber sein, wenn es um

Zügellosigkeit und Unrechtmäßigkeit geht. Das hat mit Sicherheit Achtung und Respekt, auch Bewunderung für eine Frau evoziert, die es in kurzer Zeit fertiggebracht hat, dem Land Frieden und sozialen Aufschwung zu bringen. Und es wäre durchaus denkbar, daß sie zur Vorbildperson geworden ist. Bei den vielen offenen Fragen und den zahlreichen Vermutungen, ihre Person betreffend, bleibt eines ganz besonders im historischen Dunkel und in chronistischer Verschlossenheit.

Verbieten die große Achtung und die uneingeschränkte Bewunderung ein Gefühl von Zuneigung, liebevollem Verständnis für eine Persönlichkeit im Range Elisabeths? Oder bleibt sie für ihre Untertanen die Fremde, die französische Adlige eben, die eine deutsche Regentschaft übernommen hat. Nationale Denkweisen hatten auch im Mittelalter bereits ihren fetten Boden, selbst wenn die Kausalitäten und Modalitäten andere waren. Der Chronist schweigt darüber, das Saarbrücker Archiv verwahrt »Geschäftskorrespondenz« auf vergilbtem Pergament. Keine Erzählung, kein Histörchen rankt sich um sie. In den saarländischen Orten und Dörfern, selbst in Saarbrücken, ist sie zu einer Unbekannten geworden.

Es scheint, als habe sie nicht existiert. Und doch ist die Entwicklung dieses Landes ohne ihr politisches und kulturelles Wirken nicht denkbar.

25 Jahre ist Elisabeth bereits am Saarbrücker Hof, acht Jahre Regentschaft liegen hinter ihr, eine schwere Zeit, die ihre ganze Kraft, ihren Mut, ihre Intelligenz, kurz, ihre ganze Persönlichkeit gefordert haben. Sie ist daran gereift und hat das fremde Land und seine Menschen

lieben gelernt. Sie hat in all den Jahren auch ihren Mann lieben gelernt, dem sie als damals Fünfzehnjährige versprochen worden ist, und ist über seinen unerwarteten Tod tief bestürzt und verzweifelt gewesen. Alle Gerüchte straft sie Lügen und bleibt bis zu ihrem Tod seine verantwortungsbewußte Witwe.

In ihrem Denken und Fühlen ist sie jedoch Französin geblieben. Nie hat sie diese Identität verleugnet, trotz aller Ressentiments und höfischen Intrigen. Die Bildungsatmosphäre am Hof ist eine französische, orientiert sich am Kulturellen und Künstlerischen des Hofes von Nancy, der ihr schon als Kind vertrautes Vorbild gewesen ist. Wie oft mag sie sich sehnsüchtig an die literarischen und musikalischen Begegnungen im Kreise ihrer Mutter erinnert haben!

Das Jahr 1437 - Elisabeth ist nun 40 Jahre alt - bringt wahrscheinlich die Wende in ihrem Leben. Sie beginnt zu schreiben. Die Worte der Pizan mögen ihr in den Ohren geklungen haben und sie gemahnt haben, ans Werk zu gehen: »Laß uns, ohne mehr Zeit zu verlieren, hinaus aufs Feld der Literatur gehen, ... auf einen fetten und fruchtbaren Boden, dort, wo alle Früchte wachsen, sanfte Flüsse fließen und die Erde überreich ist an guten Dingen jeglicher Art...« (La cité des dames).

Ihren »fetten, literarischen Boden« findet sie in den *chansons de geste*, insbesondere in den Heldenepen um Karl den Großen. Sie hat sie oft und oft gelesen, und nun im reiferen Alter begreift sie: Sie, Elisabeth, und die Menschen um sie sind älter geworden, von guten und schlechten Erlebnissen geprägt, während diese Texte aus dem 9. Jahrhundert jung geblieben sind. Die

Jahrhunderte konnten ihnen nichts von ihrer Faszination, von ihrer Identifikationskraft und von ihrer Aussagegewalt nehmen, weil die menschlichen Verhaltensmuster ebenso nichts von ihrer Aussagegewalt eingebüßt haben. Die Menschen haben nichts aus ihrer Geschichte gelernt. Die lange Tradition der Adelsgeschlechter hat Verhaltensweisen eher verhärtet als verändert. Weder blutige Kriege, noch Katastrophen, weder Hungersnöte, noch die verheerenden Auswirkungen des Schwarzen Todes haben die Menschen einsichtig gemacht. »Diese Erfahrungen des ›göttlichen Zorns‹ haben keine besseren, tugendhafteren und katholischeren Menschen aus ihnen gemacht. Stattdessen vergaßen sie die Vergangenheit, als ob es sie niemals gegeben hätte, und ergaben sich einem schamloseren und unordentlicheren Leben als je zuvor.« (Villani) Das Normale ist zählebig. Und so haben damals wie zu ihrer, Elisabeths, Zeit Verrat, Verleumdung und Intrigen das Schicksal Einzelner am Hof bestimmt. Damals wie in ihrer eigenen Regierungszeit sind Fremde diesen Intrigen stärker ausgesetzt. Damals wie in ihrer Erlebenswelt sind Frauen oft wehrlos den Verleumdungen und der sexuellen Gier ausgeliefert. Und damals wie jetzt, da sie zu schreiben beginnt, gibt es aber auch und ganz bewußt die Stärke und die Demut, die Intelligenz und die Toleranz, diese scheinbaren Antagonismen, welche die Persönlichkeit einer adligen Frau ausmachen. Oh, sie wird ihren Gefolgsleuten davon erzählen. Sie wird ihnen auf unterhaltsame Weise den literarischen Spiegel vorhalten. Sie wird ihnen Gelegenheit geben, die Geschichten, Schicksale und Heldentaten ihrer Vorfahren kennenzulernen, um sich in ihnen vielleicht wiederzufinden. Doch dazu muß sie erst einmal die französischen Texte, in Versform geschrieben, ins Deutsche übertragen. Zu wenige am Saarbrükker Hof beherrschen die französische Sprache. Sie spricht Deutsch mittlerweile so gut, daß sie es wagen kann, auch die Versform in eine Prosafassung umzugestalten. Vielleicht will sie zugleich mit der Übertragung ins Deutsche deutlich machen, wie sehr sie sich mit ihrer Umgebung vertraut fühlt und wie sehr die Probleme und Schicksale der Personen an ihrem Hof ihr Interesse und Mitgefühl finden.

Vier Versepen aus dem Sagenkreis Karls des Großen besitzt sie, und diese ordnet sie nun in einen Zyklus. Sie weiß, daß diese Anordnung im Widerspruch zur historischen Zeit der Texte steht, aber ihr kommt es nicht auf das Chronologische an, sondern auf die motivische Vergleichbarkeit der Inhalte dieser Erzählungen. Das Verleumdungs- und Verbannungsmotiv spielt in den ersten drei »historien« die wesentlichste Rolle und orientiert sich an der Person Karls, der dadurch gleichzeitig eine Charakterisierung erfährt. Seiner persönlichen und seiner Führungsschwäche ist es zuzuschreiben, daß die Verrätersippe um ihn immer wieder über das Schicksal der ihnen unbequemen Personen entscheiden kann. Und die Wahl der Personen, die es treffen soll, kreist mehr und mehr um die Vertrauten, die Familienmitglieder nämlich, und liefert sie dem Verrat aus. Während es im »Herpin«, ihrem ersten Buch, noch einen treuen Vasallen Karls trifft, der vom Hof verjagt wird, ist es in der »Sibille«, ihrem zweiten

Buch, bereits die Gattin und im dritten Roman »Loher und Maller« eines der Kinder des Königs.

Elisabeth möchte ihre Zuhörer natürlich fesseln und ihnen die ausreichende Identifikationsmöglichkeit geben. Dazu muß sie, wenn sie Erfolg haben will, Bekanntes und Vertrautes aus dem Lebensraum und dem Lebensgefüge ihrer Hörenden und später Lesenden einfließen lassen. In diesem literarischen Spiegel werden sie sich wiedererkennen. Deshalb hat beispielsweise die Verrätersippe ihren Sitz im benachbarten Schlößchen Hattwiller im heutigen Waldmohr, damals lothringischer Besitz der Gräfin. Dorthin wird sich Karl im Sibillen-Roman flüchten, um der Verfolgung durch seinen Sohn zu entgehen. Dort wird aber auch die verstoßene Königin Sibille rehabilitiert. Ebenso wird ein Graf von Saarbrücken im »Huge Scheppel«, ihrem vierten Roman, im Geschehen eine Rolle spielen.

Die Wahl dieses letzten Romans trifft sie ebenso bewußt. Dieser Held, ein Bürgerlich-Adliger, ist, so findet sie wahrscheinlich, eine Symbolfigur für die Auflösung der ständischen Hierarchien des Zeitalters, in dem sie lebt. Der Metzgerenkel, der in die Hofgesellschaft eindringt und König von Frankreich wird (Begründer des Capetingerreiches), zeigt nicht nur das bürgerliche Emanzipationsbestreben innerhalb des Feudalsystems, sondern auch den rücksichtslosen Egoismus dieser Frühbürgerlichen. Da in ihre Hofgesellschaft geadelte Bürgerliche längst integriert sind, ist sie sicher, eine aufmerksame und vielleicht sogar begeisterte Zuhörerschaft zu haben, wenn sie von »Huge Scheppel« erzählt.

Sie sollte recht behalten. Es war gerade dieser Roman, der zuerst nach ihrem Tod in Druck ging, der aber auch schon zu ihren Lebzeiten an verwandten Höfen begeisterte Zuhörer und Leser fand.

Ein Jahr nach Beginn ihrer Übersetzerinnentätigkeit übernimmt ihr Sohn Johann die Regentschaft, und Elisabeth kann sich auf ihren Witwensitz in Bucherbach zurückziehen, um sich nun intensiv mit der Literatur auseinanderzusetzen.

Sie lebt dort 18 Jahre zurückgezogen. Ihr Sohn verwaltet das Land in ihrem Sinne, und sie ist ihm nach wie vor eine gute und bereitwillige Beraterin. Sie stellt mit Zufriedenheit fest, daß ihr Land einen wirtschaftlichen Aufschwung erlebt: der Seiden- und Tuchhandel blüht, die ersten Bergleute schürfen eifrig nach Kohle, in den Schreibstuben in der Stadt wird kunstvoll Literarisches zu Pergament gebracht und phantasievoll illustriert. Die Ernten sind gut, der Warentransport über die große Handelsstraße, die, von Paris und Metz kommend, über die Brücke bei St. Arnual über die Saar führt, läuft ohne große Zwischenfälle - und es herrscht Frieden im Land.

Als ihr geliebter Bruder Antoine stirbt, zieht sie sich noch mehr zurück. Er war ihr geistiger Ansprechpartner gewesen, wenn es um literarische oder künstlerische Themenbereiche ging. Sie muß auch feststellen, daß sich für ihren Sibillenroman niemand so recht begeistern will, und auch ihr Sohn ist vielleicht noch zu jung, um ihn in dieser Form zu verstehen.

Sie korrespondiert mit dem Bischof von Metz und verfügt, daß man ihr Grabmal in die Stiftskirche zu St.

Arnual stellen möge. Diese Entscheidung trifft sie allein und als erste aus dem Haus Nassau-Saarbrücken. Das hat nicht nur etwas mit den Streitigkeiten zwischen dem Kloster Wadgassen zu tun, sondern die Gründe mögen vielleicht tiefer liegen.

Nach dem Tode ihres Mannes ist es um sie herum einsam geblieben. Die Verpflichtungen ihrer Regentschaft, die Verantwortung für die Erziehung ihrer Kinder und für das Wohl ihres ihr nun anvertrauten Landes und seiner Menschen haben sie gefordert und ihr wenig Selbstraum gelassen.

In ihrem Schloß in Bucherbach fühlt sie sich wohl, und doch spürt sie mehr und mehr sicherlich, daß ihre Wurzeln in Frankreich, in Lothringen, verankert sind. Sie weiß, daß die Menschen um sie ihr Achtung und sogar Bewunderung entgegenbringen, aber letztendlich ist sie für sie die Elisabeth von Lothringen, von »welschem« Land, geblieben. Mit ihrem Denken und ihrer Kultur konnten sie nie so ganz konform gehen. Sie wird für sie die Fremde geblieben sein.

In St. Arnual fühlt sie sich vielleicht Lothringen ein bißchen näher.

Elisabeth stirbt am 17. Januar 1456. Kurz zuvor hat sie dem Stift eine Summe von 200 Gulden gespendet, für die nach ihrem Tode wöchentlich Messen »zu ihrem Seelenheil« abgehalten werden.

Zufall der Geschichte oder Kuriosum? Während der französischen Revolution werden die Gräber in Wadgassen zerstört. Die Tumba der Elisabeth von Lothringen, Gräfin zu Nassau und Saarbrücken, bleibt unversehrt. Sie steht inmitten des Chorraumes, hinter dem

Altar. Der Sarkophag trägt ihr lebensgroßes steinernes Abbild.

Der Sibillen-Roman
- ein Thema mit langer Tradition

In der ersten Hälfte des 13. Jahrhunderts berichtet der Mönch Alberich von Trois-Fontaines in seiner »Chronika« zum Jahr 770 von den Frauen Karls des Großen. Unter anderem fügt er eine Nacherzählung der verlorengegangenen *chanson de geste* bei, die vom Schicksal der ersten Frau Karls, »Sibilia«, handelt.

Der zum Teil recht fabulöse Gehalt dieser Geschichte wurde zum Publikumsrenner der damaligen Zeit. Der Verfasser dieser *chanson* um die Königin Sibille ist unbekannt geblieben. Er hatte es publikumswirksam verstanden - im Kontrast zu den alten Ritter-Chansons - zwei beliebte Motive miteinander zu verknüpfen: das Motiv der ungerecht behandelten und vertriebenen Frau und das Motiv des treuen Hundes, der seinen Herrn aufspürt und dessen Tod rächt.

Die handschriftliche Überlieferung der französischen Sibillenchansons zeigt ihren großen Wirkungsgrad. Obwohl nur fragmentarisch erhalten, lassen sich drei geographische Räume ausmachen: der Nordosten Frankreichs, der anglonormannische Bereich Englands und der Südosten Frankreichs. Anfang des 14. Jahrhunderts werden Kopien dieses epischen Gedichtes in

Deutschlands und in Italien mit anderen Werken kompiliert. Im 15. Jahrhundert liegen dann drei Prosaumarbeitungen dieses Sibillenromans vor, handschriftlich verbreitet in drei Gegenden Europas: in Spanien, in Frankreich und im Westen Deutschlands, das heißt, im heutigen saarländischen Raum, in Saarbrücken.

Somit wird dieses altfranzösische Sibillenepos zum Zeugnis für die Entstehung des Prosaromans in Europa.

Die altspanische und die mittelfranzösische Prosa sind anonym überliefert. Nur die frühneuhochdeutsche Fassung weist die Gräfin Elisabeth als Autorin aus. Sie besitzt als Vorlage - vermutlich (wie schon erwähnt) von ihrer Mutter - einen Viererzyklus von französischen Chansons aus dem Sagenkreis Karls des Großen, unter anderem also auch die Sibillenchanson.

Nach ihrem Tode 1456 werden diese vier Prosaromane in Prachthandschrift niedergeschrieben. Auftraggeber ist ihr Sohn, Graf Johann III von Nassau-Saarbrücken.

Nachlesen kann man die deutsche Sibillenprosa auf den Blättern 58 r - 76 v des Codex 12 in scrinio der Universitätsbibliothek Hamburg. Ihr vorangestellt ist ihr in der zeitlichen Abfolge vierter Roman »Huge Scheppel«. Im Gegensatz zum Scheppel-Roman ist der Sibillen-Roman bilderlos. Bildspatien verweisen auf möglicherweise geplante 24 Bilder. Die Prosa ist zweispaltig geschrieben. Die vielen Abschnitte sind durch rote Initialen ausgewiesen. Alle vier Romane der Elisabeth sind in rheinfränkischer Schriftsprache verfaßt.

Während der »Herpin«, der »Loher und Maller« und der »Huge Scheppel« mehrfach handschriftlich überliefert und später auch gedruckt wurden, war die Sibillenprosa allein in dieser Straßburger Handschrift von 1500 überliefert. Sie fand keine weitere Verbreitung. Selbst Simrock und Schlegel lassen sie in ihren »Volksbüchern« unerwähnt. Von Prof. Burg (1918) existiert eine philologisch getreue Abschrift dieser einzigen Handschrift, die mir als Vorlage zu meiner Übersetzung diente. Prof. Liepe (1920) gibt eine ausführliche Inhaltsangabe in seinem Buch »Elisabeth von Nassau Saarbrücken...«.

555 Jahre nach seinem Entstehen war es mein Wunsch und mein Anliegen, diesen Roman nun ins Neuhochdeutsche zu übersetzen, um ihn seinem literarischen Dornröschenschlaf zu entreißen und um eine Frau zu würdigen, die bereits vor einem halben Jahrtausend literarisch einen Bewußtseinsprozeß in Gang setzte, den man durchaus europäisches Denken nennen kann.

Zur Rezeption dieser »history« um die vertriebene Königin

Sich auf mittelalterliche Literatur einzulassen, heißt, sich Widerständen entgegenstellen, die der Leserin und dem Leser moderner Texte begegnen werden. So auch in Elisabeths Roman. Dieses Werk verlangt eine andere Lesehaltung. Das bedeutet: verzichten auf schnellen Lesekonsum und eine vorschnelle Angleichung an die persönlichen Erwartungen, sich einlassen auf eine andere Vorstellungswelt, auf ein anderes Bewußtsein, auf ein anderes Wertsystem, auch auf eine andere Sprache.

Das Elisabeths Denken zugrundeliegende Wertesystem muß auf dem Hintergrund ihrer Zeit gesehen werden und aus der besonderen Situation einer Frau verstanden werden. Selbst wenn der Roman eine Frauengestalt (Sibille) aus ferner Zeit zum Thema hat und mit dieser in ihrer dargestellten Situation, in ihrer durchlebten Geschichte, Modellcharakter bekommt und - so meine ich - ein weibliches Leitbild entwirft, läßt Elisabeth an etlichen Stellen in ihrer Übersetzung Elemente der Lebensrealität von Frauen um 1430/40 durchscheinen. Nur so ist es zu verstehen, daß sie diese Sibillenchansons für ihre Zwecke bearbeitet. Das heißt: sie kürzt mehrfach und intensiv und setzt dadurch andere Akzente, sie vermeidet (im Gegensatz zu den männlichen Übersetzern ihrer Zeit) Details, welche das sittliche Empfinden ihrer zeitgenössischen Zuhörerinnen verletzen könnten. Da sie als Frau übersetzt und als Frau spricht, die von der Geschichte möglicherweise sehr betroffen ist, zeigt ihr Text unbedingt subjektive Färbung. Diese Verfahrensweise in ihrer Übersetzerinnentätigkeit kanzelt der Literaturhistoriker Liepe in seinem 1920 erschienen Buch über Elisabeth und ihr literarisches Schaffen als »Unfähigkeit« und »Dilettantismus« ab. Diese »Unfähigkeit« ist jedoch als der weibliche Blick auf einen Teil spätmittelalterlicher Realität zu verstehen, der viel zu selten überliefert werden konnte. Männliches Denken und männliches Bewußtsein haben den Blick für mittelalterliche Wirklichkeiten oft genug einseitig werden lassen. Elisabeth besaß aufgrund ihres Milieus, in dem sie aufgewachsen war und sich bewegte, und mit Hilfe ihrer Intelligenz und Bildung einen umfassenden Einblick und ein breites Spektrum an Erfahrung. Dies läßt keinen Zweifel an ihrer Kompetenz zu. Wenn Liepe neben die »Unfähigkeit« der Schriftstellerin ihre »tiefe Frömmigkeit« als weiteren Beweggrund für die zahlreichen »unverständlichen« Streichungen im Text stellt, so hat er versäumt, diesen Begriff des Frommen von der belastenden Bedeutungsschicht späterer Jahrhunderte freizukratzen. Frommsein darf nicht mit Sinnenfeindlichkeit und mittelalterlicher Prüderie gleichgesetzt werden. Vielmehr betrachtet Elisabeth nüchtern und aus einer anderen Perspektive als die von Männern übersetzte und verfaßte Literatur dieser Zeit zum Beispiel die unterschiedliche Rechtsprechung, den weiblichen und männlichen Ehebruch betreffend, und wählt deshalb das Thema der zu Unrecht vertriebenen Frau. Und sie setzt dem männlichen Unrechtsverhalten die weibliche Stärke und Duldsamkeit, die Treue und Verantwortlichkeit entgegen. Vielleicht denkt sie, damit ihrer weiblichen Zuhörerschaft Mut machen zu können, ihr Selbstbewußtsein einzuflößen, um eigene Vorstellungen von sich selbst zu entwickeln.

Wahrscheinlich ist Elisabeth selbst diesen schweren Weg der Selbstfindung ohne Fremdbestimmung gegangen, und wahrscheinlich fand sie in Christine de Pizan, der berühmten Pariser Schriftstellerin, ihr großes literarisches Vorbild. Neben dem Einfluß des intellektuellen Milieus ihres lothringischen Hofes dürfte der von Christines Schriften am nachhaltigsten gewesen sein.

Es wäre allerdings falsch und würde dem literarischen Anliegen Elisabeths entgegenwirken, wenn die Leserin oder der Leser gewaltsam versuchen wollte, die Übersetzerin mit modernen Zielsetzungen in Einklang zu bringen, will sagen, mit einer diffusen Vorstellung von Feminismus an ihr Werk heranzugehen und es zu analysieren. Elisabeth ist keine feministische Schriftstellerin, bzw. Übersetzerin. Die Sibillen-history greift eine zeitgenössische (15. Jahrhundert) Wirklichkeit auf, die der weiblichen Selbstverwirklichung wenig Raum bietet und in der ein weibliches Identitätsbewußtsein noch nicht entstehen kann - oder nur in Ansätzen - weil der männliche Blick in allen Bereichen dominiert. Elisabeths Übersetzungen intendieren, auf unterhaltsame Art und nicht belehrend ihrer Hörerschaft ein Stück Frauenwirklichkeit zu vermitteln. Und indem sie eben nicht den moralischen Zeigefinger hebt, entläßt sie ihre Zuhörerinnen bereits in einen persönlichen Gedankenfreiraum, der erste wichtige Schritte hin auf eine Befreiung von der Fremdbestimmtheit möglich machen könnte.

Ich möchte deshalb warnen vor einer Rezeptionshaltung, die nur am schnellen Gegenwartsbezug interessiert ist. Sehr viel reizvoller wird es sein, allerdings auch mühsamer, die Frage nach den Möglichkeiten weiblicher Selbstverwirklichung und nach den weiblichen Lebensbedingungen um 1440 nachzugehen.

Zur neuhochdeutschen Übersetzung

Die Übersetzung eines Textes aus einer sehr weit entfernt liegenden historischen Epoche ist mit Schwierigkeiten verschiedener Art verbunden. Einmal geht es
um die sprachliche und damit auch um die geistige
Vermittlung zwischen zwei Denkformen, zum anderen
um die Übertragung in eine moderne Sprache.

Wichtigstes Anliegen dieser Übersetzung ist es, den
Text in einer modernen Sprache zu präsentieren, ohne
in die Manie zu verfallen, ihn krampfhaft aktuell da-
herreden zu lassen. Elisabeths Sprache sollte nicht zu
sehr geglättet werden, denn es ist reizvoll zu lesen, wie
Elisabeth als Französin oftmals ihre Schwierigkeiten
mit der deutschen Sprache gehabt haben muß und wie
sie dann geschickt französische Wendungen einfließen
ließ. Diese Übersetzung hatte deshalb am wenigsten
die »Verbesserung« ihrer Ausdrucksweise im Sinn. Die
häufige Wiederholung von inhaltlichen Versatzstücken,
ebenso die Wiederholung sprachlicher Formen und
Wendungen wurden bewußt beibehalten. Wer sich auf
einen sprachlichen Facettenreichtum einlassen möchte,
wird enttäuscht werden. Elisabeth hat im Rahmen ihrer
sprachlichen Möglichkeiten einen altfranzösischen Text
ins Frühneuhochdeutsche übersetzt und dabei als
Französin eine große sprachliche Leistung vollbracht.
Dies zu erkennen, war entscheidendes Anliegen der
neuhochdeutschen Übersetzung.

Lediglich die oftmals enormen Satzgefüge Elisabeths wurden an mehreren Stellen in kürzere verwandelt. Um die »Monotonie« des Ausdrucks ein wenig aufzulockern, wurden zuweilen Eigennamen durch Personalpronomina ersetzt.

Ich möchte an dieser Stelle Herrn Prof. Hermann für seine wertvolle Hilfe danken. Ebenso dem Landesarchiv Saarbrücken und dem Landesinstitut für Pädagogik und Medien, die freundlicherweise die Abbildungen zur Verfügung stellten.

Bibliographische Hinweise

Quellen der handschriftlichen Inkunabeln (Erstdrucke um 1500) der Elisabeth von Nassau Saarbrücken:

»Lewen Buch von Burges in Berrye«, Cod. Guelf. 46 Nivissimi 2 der Herzog August-Bibliothek in Wolfenbüttel

»Der Roman von der Königin Sibille in drei Prosafassungen des 14. und 15. Jahrhunderts«, hrsg. von Hermann Tiemann, Hamburg 1977

»Loher und Maller«, in scrinio Nr. 11 der Hamburger Stadtbibliothek

»Huge Scheppel«. Veröffentlichungen der Hamburger Stadtbibliothek 1, hrsg. von Herman Urtel, Hamburg 1905

»Hug Schapler. Ein liepliches lesen und ein warhafftige Hystorij«, hrsg. von Marie-Luise Linn, Hildesheim/New York, Nachdruck der Ausgabe von Grüninger, Straßburg, 1500, nach einem Exemplar der Herzog August-Bibliothek in Wolfenbüttel

Marie-Luise Hauck: Die Grabdenkmäler der Grafen von Nassau-Saarbrücken in der Stiftskirche St. Arnual und ihre Wappen. in: Zeitschrift für die Geschichte der Saargegend, Saarbrücken 1971

Hans Walter Herrmann: Lothringen - Geschichte eines Grenzlandes. Saarbrücken 1984, Zeitschrift für Geschichte der Saargegend.

Wolfgang Liepe: Elisabeth von Nassau-Saarbrücken. Entstehung und Anfänge des Prosaromans in Deutschland, Halle 1920

Regine Pernoud: Christine de Pizan. Das Leben einer außergewöhnlichen Frau und Schriftstellerin im Mittelalter, München 1990

Christine de Pizan: Le livre de la Cité des Dames, Paris 1905 (dt. Das Buch von der Stadt der Frauen, München 1990)

Albert Ruppersberg: Geschichte der ehemaligen Grafschaft Saarbrücken, Saarbrücken 1903

Bildnachweis:

S. 98: Das Grabmal der Gräfin Elisabeth von Nassau-Saarbrücken in der Stiftskirche St. Arnual (Landesinstitut für Pädagogik und Medien)

Die Unterschrift Elisabeths stammt aus der Urkunde vom 19. Februar 1449 (Landesarchiv Saarbrücken - Bestand: Nassau-Saarbrücken II Nr. 1496)